哲學研究叢書・學術思想叢刊

江城潛研
——中國學術思潮叢論

劉芝慶　著

蔡序

　　芝慶新刊大著，問序於我。感其厚意，爰綴數語，為芝慶賀。芝慶，政治大學中國文學博士，受業啟屏兄之門。啟屏兄思銳才高，善育子弟。門人秉承教言，其質多文采華贍，其行俱磊落清新，而芝慶尤為特出。

　　我於芝慶，早聞其名，早閱其文。甚憾初識其面，晚至丁酉春間。於時芝慶初入學壇，執教漢廣，因緣所聚，相見榕城。席間高座，多賢達先進。芝慶周旋往來，從容有度，舉止得宜。知非久居池中，俯仰隨人之輩。

　　邇來，臺籍俊彥，紛紛渡海，反饋神州，芝慶其矯矯者。無他，既以其學殖深厚，復因其治學勤懇也。何則？蓋芝慶以史學詹其識，以文學充其情，以哲學睿其智，復以經學築其基也。此等學術格局，觀諸神州大地，實鳳毛麟角；即在寶島臺灣，亦數十年僅一二見。

　　眾所知者，現代學術，貴在專門分科。雖不分家以美其名，實則文歸文，史歸史，哲歸哲。而經，則泛濫無所歸矣。芝慶獨能融攝眾家，出入無間。觀其論經考史、研哲品文，信手拈來，俱顯姿態，盡見工夫。然後知後生之可畏，當避席以見公心。

　　其尤足稱者，在芝慶能假著作以見學術之道途，以寄生命之哲思。此在學人，殆非有心即可為之；倘其學不足以副之，誠所謂心有餘而力不足也。芝慶豈其然哉！觀其行世諸策，曰《修身與治國－從先秦諸子到西漢前期身體政治論的嬗變》、曰《經世與安身：中國近世思想史論衡》、曰《自適與修持──公安三袁的死生情切》、曰《從

指南山到湯遜湖：中國的知識、思想與宗教研究》、曰《解釋世界與改變世界：中國思想史中的知識信仰與人間情懷》；其行將問世者，曰《虛弱的反攻：開禧北伐》、曰《彳亍湯遜湖畔：求學、歷世、問道》、曰《江城潛研──中國學術思潮叢論》，或述其學術之門徑，或寓其生命之軌跡。

以不惑之年，具此學術佳績，豈非此心念茲在茲，而學問足以副之哉。古人以日記述其為學歷程，載其人生歸趣，所缺者整全之體系。芝慶能擅古人之所善，闕古人之所不善，又豈非今人不必獨厚古人耶！

吾於芝慶，誠千般欣賞，萬般珍惜。賞其才高，惜其流離。雖楚材晉用，同在華夏。然寶島文脈，實賴學殖深厚、懷抱理想如芝慶輩者傳承之。惜乎人才難得，而寶島不愛寶也。尚冀榮歸有期，至所盼焉。是為序

辛丑蒲月小暑後一日　蔡長林序於西來齋

翟序

吹皺一池春水

──讀劉芝慶兄《江城潛研──中國學術思潮叢論》有感

　　劉芝慶兄是二○一五年從臺灣來大陸工作的，這些年各種因緣讓我們不知不覺間混熟了！

　　第一次見到劉兄是二○一四年五月在第三屆尼山世界文明論壇學術會議上。那次尼山論壇是在濟南開的，主會場在山東大學，我跟劉兄是在一個小組發言，五月二十一日下午在知新樓。那年劉兄還在臺灣大學人文社會高等研究院做博士後，我實際上也是剛來山大不久。轉眼間快七年了！

　　第二次是二○二○年十月三十一日在福建平潭召開的第三屆兩岸國學論壇會議上。在這次會議上再次見到劉兄，也認識了多位元臺灣在大陸工作的青年學者，對他們在大陸工作與生活的狀況有了更多瞭解。接著第三次是二○二○年十二月六日，劉兄在濟南參加龔鵬程老師主辦的「中國文學研究新動向」學術研討會。那天晚上我請劉兄，還有同時在濟南的中國社會科學院的鄧定兄在洪樓印象城相聚。這次近距離面對面喝酒才真正領略了劉兄的學識與風采！席間，劉兄古今中外，談笑風生，縱橫千萬里，從海德格爾到老莊、八卦，談興極豪。最讓我佩服的是劉兄的海量，而且毫不掩飾自己的酒量，真是喝酒不矜持，方為真英雄！

　　二○二一年一月五日劉兄來信說今年想出本論文集，問我能不能寫個序，並發來論文集電子版。一般都是請長輩寫序，我與劉兄算是同齡人，頗為不安地說「可以是可以，我的分量輕啊」，劉兄說「兄

客氣啦,除了敬佩兄的學識之外,也是藉此想替彼此的交遊,留些紀念,當作個人人生行旅中的一個標記」。劉兄的盛情、真誠與雅意,我既倍感榮幸,也非常感動,也就義不容辭了。

動筆寫序,我流覽了劉兄的大作和他的相關介紹報導,對劉兄又多了幾份深入瞭解,既為其學問之博大而動容,也為其學術人生之艱辛而感慨。

劉兄先後在臺灣輔仁大學歷史系、臺灣大學歷史研究所、臺灣政治大學中國文學研究所所,獲學士、碩士、博士學位,在臺灣一路師從名師,獲得了最好的高等教育。劉兄說,當初的目標就是想要當老師,本以為畢業後我可以到大學貢獻長才,得到的卻是一路失望。二〇一三年,他從政大中文系博士畢業,卻看不到出路,「連我媽媽都看透,我在臺灣實在沒有機會」,「我二〇一三年畢業到二〇一五年去大陸的這兩年,我的人生就是一直不斷求職與四處兼課,是一段看不到出口的歲月。我總是想起李敖當年的那段話:『我們就像是玻璃窗上的蒼蠅,前途光明,但是沒有出路。』」「我被很多學校拒絕過,進不了學校當正職,我只能一直兼課。我開車跑遍了臺北、桃園、宜蘭甚至是花東地區」、「但能有兼課機會,我已經非常感謝當年老師們的牽線幫助,相較之下,其他更慘的流浪博士,相信更多。」

二〇一五年,劉兄離開臺灣來湖北經濟學院就職。當看到劉兄說「我永遠記得,二〇一五年九月坐飛機過去時的彷徨。我對那邊一無所知,完全沒有朋友,只知道去了,可以有穩定的薪水」,我的心裡挺不是滋味,這讓我想起歷史上「闖關東」的壯舉!這些年我們陸陸續續接觸到很多從臺灣來大陸工作的優秀青年博士,我想他們的心情又何嘗不是如此呢?!

劉兄對武漢、在湖北經濟學院的工作環境與待遇是滿意的,他也收穫很多,二〇一七年劉兄順利評上副教授。最重要的是,劉兄集才華與帥氣於一身,他的國學課堂深受學生歡迎,我能想像劉兄上課時

的激情與汪洋恣肆，以及學生陶醉與沉迷的場景。學生評價說：「劉芝慶老師是用自己的生命體驗去碰撞心學的智慧，因而他的授課，淺白中有詩意，邏輯中有生氣，每一個字都似從胸膛中迸出，真實而鮮活，與憨萌的氣質碰撞出獨屬於他的風格。」「老師在課上侃侃而談，不拘泥於課本，講到興起之處眉飛色舞，手舞足蹈，頗有幾分『頑童』的感覺。」學生如此評價，對老師來說，這是最高的殊榮！

劉兄在自序中對自己的不惑之年發了很多感慨，我看了也有很多共鳴。劉兄對他在武漢六年的工作生活是滿意的，對湖北經濟學院是充滿感情的。這部文集《江城潛研》彙集了六年來的重要學術論文，是他在武漢學術工作的一個結集和紀念。

目前劉兄已經出版《自適與修持——公安三袁的死生情切》、《修身與治國——從先秦諸子到西漢前期身體政治論的嬗變》、《經世與安身：中國近世思想史論衡》、《解釋世界與改變世界：儒者的知識信仰與人間情懷》等多部學術論著，發表重要學術論文幾十篇。應該說，劉兄已經取得了很高的學術成就，已經超越了很多教授的水準。

令我感慨與佩服的是劉兄學術之博大和學術風格之活潑，典雅而博通，有思想，有情致，有意趣，文中有其「人」。這種清新、通雅、靈動的文風學風讓我想起馮延巳《謁金門》詞中所說「風乍起，吹皺一池春水」。劉兄說「文學是我的職業，史學是我的志業，哲學是我的專業」，這種貫通文史哲而且匯通儒道佛的研究路數和學術風格在目前大陸是少見的。這種學風也有些臺灣的氣息，一種「民國風」，或者更準確的說是一種古典的氣息。

劉兄的《江城潛研》以〈董仲舒以及蘇輿的《春秋公羊學》〉開篇，這是其多年《春秋》學研究的一個深化；第二篇〈柔退：楊倞注《荀》鉤沉〉也顯示了作者多年積澱的歷史素養與考辨之功；第三篇〈羅近溪的良知、生活與經世之學〉認為羅近溪推崇朱元璋「聖諭六

言」是他「真誠地思考，以良知感發，並納入他的整體思路之中」；第四篇〈鐘惺的死生情切〉、第五篇〈從文學到生死：譚元春的生命情調〉是對竟陵學派代表人物鐘、譚二人終極關懷的深入挖掘，並由此來反觀其文學作品背後的精神信仰；鐘、譚皆為湖北人，也可見劉兄對湖北鄉賢與地方文化的獨特感情；第五篇〈情不能不因時爾：王夫之情論詮義〉對船山之情詩艷詞作了絕妙分析；第七篇〈身體與美學：近代思想中的理想世界〉論及廖平的中醫、仙學身體觀以及康有為的人種改造設想；第八篇〈從中西之分到天人之際〉，認為「無論是榮格或是《易經》，都是想從諸多繁雜事理中，『洞穿了我內心隱藏的疑惑不安』，理一分殊，從惑到不惑，從不安到心安，尋找一種自性的和諧」。凡此種種，我認為都是視角獨到，論點犀利，發前人之未發。文集最後附錄〈晏子論和與同的教學演示〉、〈國學傳播的新時代與新隱憂〉對國學大眾化教學與傳播也發表了自己獨特的看法。劉兄穿梭於文史哲，心遊儒釋道，我想這正是一種國學研究應有的路數，這比單向度的文學、史學或哲學研究無疑更符合古典學術整體性的生命特點，這樣的國學研究才是有血有肉、有氣有神有魂之學。

近年來，越來越多的臺灣有志青年選擇來大陸工作，這是因為他們看到大陸有生機、有前景，有成長發展的空間，能給他們希望與夢想！這些都是他們在臺灣看不到的。然而，我們也清醒看到，他們在大陸工作的艱辛與不易。就我接觸到的大陸高校臺灣青年學者而言，特別是在傳統文化研究領域，他們研究的對象都在大陸，所以對大陸感情很深，來大陸熱情很高。然而，他們在發表論文、申請項目、獲獎等方面往往都不具優勢，這給他們也帶來不少苦惱與苦悶。希望國家有關部門繼續加大對在大陸工作的臺灣青年學者的關懷力度，在相關政策上給他們開綠燈，有綠色通道和政策傾斜，讓臺灣青年在大陸可以充分實現夢想，放飛夢想！

最後祝願劉兄在更好的平臺上取得更大的學術成就，「吹皺一池

春水」，相信劉兄的國學研究在大陸會產生越來越大的影響力，成為
新時代兩岸學術文化交融發展的傑出代表！

　　　　　　　　翟奎鳳　山東大學儒學高等研究院
　　　　　　　　二〇二一年二月二十六日元宵夜於濟南

自序

　　去年此時，二〇二〇年一月，疫情爆發，武漢封城之前，我渡過了四十歲。孔子最喜歡說：「四十不惑」，其實，四十似乎是許多人的關鍵階段，既是瓶頸，也可能是重生，讀博士時，指導教授林啟屏老師，特地提醒我們注意四十，不論是古代文人學者，還是自身的人生心境，四十都是許多人愛提及的數字，韓愈說自己「吾年未四十，而視茫茫，而髮蒼蒼，而齒牙動搖。」蘇軾虛歲四十：「老夫聊發少年狂」、周紫芝「四十年來，歷盡閑煩惱」，陶望齡詩文中，也充斥著一堆「四十」感受、其他如鄭孝胥「老去久蒙天下謗，回憶四十真少壯」、陳忠平「於今當不惑，外此更何求？」胡適也有《四十自述》，香港導演許鞍華也拍過電影，探討中年問題，就叫《男人四十》，就連劉德華在四十歲時，也跟人合寫了首歌：「如今我四十看從前／沙啞了聲線／回憶我冀望那掌聲／都依然到今天／那首潮水／忘情水／不再經典／仍長埋你的心中／從未變。」

　　這些題材，都是講述四十歲左右男子的心境。四十，青春已遠，離老去又還說不上邊。不上不下，不前不後，身材可能發胖，不知不覺；頭髮可能漸少，可有可無。人生四十，就像渡河的人，走到中間，前無終點，回首過往，又不見岸，出發點與到達點，似乎都沒有，而身旁卻是無邊無盡，萬里滔滔，浪奔浪流，如《2046》，走過了就錯過，白茫茫似的人流。

　　像韓愈、胡適這種讀過不少書，有很多想法、很多經世之志、希望解釋世界與改變世界的人，他們怎麼看待自己呢？借用胡適自己的話：「偶有幾莖白髮，心情微近中年，做了過河卒子，只能拚命向

前。」胡適此時，雖已是四十五、六歲，只是，做了過河卒子，無法回到過去，不向前，又該往哪兒去呢？如今我們四十看從前，一路走來，好像偶然的多，仔細想想，卻又理所當然。四十多歲，才恍然大悟：那些渴求的東西，或懸理想，或構幻想，或結逗想，或因緣際會，順利達成，或道阻且長，直至夢滅；那些厭惡的事物，似近而既遠，將來而復旋。漸漸地，好像也窺出些因緣，由其所遮，看其所願，世務雖雜，終於理境日顯。

不惑之年，其實，哪有不惑？而是走著走著，或直線加速拚向前，或繞路只為看花開，不似當年那樣彷徨，不像當初那樣不明所以。自以為是的堅持，有些沒那樣重要了，有些卻更固執了；曾經的經典，已經不流行了，或是又火起來了。現實彷若拼湊的意志，刻滿了憂傷，時之否泰，身之休戚，就在出處、去就、辭受、取與之間──原來，四十跟不惑，並非再也沒有問題，而是自知者明，知人者智，從此更明白自己的選擇，正如某句流行歌詞所說：「我選擇了你，你選擇了我。這是我們的選擇。」

是的，微近中年，最貴自知，因依他起性，而明遍計執：我，劉芝慶，就算叫劉芝芝、劉芝麻、劉德華，不過因緣和合，四大本空，五蘊非有，即是假名，一個符號，能指非所指。《大智度論》裡，有人提問，佛說無我，許多經書卻總說「如是我聞」，此是何故？答曰：「佛弟子輩雖知無我，隨俗法說我，非實我也。」俗法說我，並不真我，可是萬法雖空，所行所為、所讀之書、所成之業、所寫之文，花費的紙張、砍掉的樹木，跡痕斑斑，記憶猶新。所以我們能有知識，還能為學，更能為人，誦數以貫之，思索以通之，調適而上遂，在不完整的生命中，我不是我，卻成就了我。錢塘江上潮信來，我與我周旋久，非我而為我，我才能是我，知道從哪來，該往哪去。

如果說人生不惑，四十一歲，到底明白了什麼？自知者明，或與物俱適，相賞莫違，或欲得環中，須超象外，不論哪種，我選擇了這

條而非那條，看上了這個卻不是那個，非此即彼，不離不雜，是可是不可——想來，就是懂「我」了吧！

最後，悠悠晃晃，一轉眼，到湖北任教已近六年，從當年的博士畢業生，變成四十大叔，這幾年確實用功，期刊發了不少，如今收齊始末，芟夷繁蕪，裒成一集。非常感謝校方給了充分的研究與讀書時間，以及湖北經濟學院研究生處（學科辦），PI團隊「傳統文化的現代性」計畫，項目編號11024226的出版經費支持。學校不論是在研究還是待遇上，確實對我甚厚，人情味濃重，在此多年，非常愉快。只是，人生離合不可知，誰知道五年、十年之後，「我」又在哪呢？

這本書，獻給多年來，大家在武漢或學校共事、成長、論學，一起暢談、飲酒、嘻嘻哈哈的朋友們。

寫於湯遜湖畔

二〇二一年一月七日

目次

「史實」：董仲舒以及蘇輿的
春秋公羊學

一　前言

　　《春秋》之書，公羊學者多認為是部擁有龐大寓意的經典，雖然不是全部文字段落都可以含有密碼，可是許多寄託喻意，言此事而意在彼，表面是說某史事，卻是藉由論述史實而展露微言意旨，微言大義，以古改制。換句話說，將《春秋》視為一個完整的寄託系統，表面是講齊桓晉文與魯國諸公之事，其實多是象徵，比事屬辭，另有其它蘊含所在，此即孔子之旨。[1]

　　當然，以上只是原則性的說法，因為《春秋公羊傳》並非事事寄託，句句微旨，字字都有深意，雖說公羊學家多把《春秋》的托寓意符，視為解經的關鍵，卻不代表他們都認為這些史實全部都是假的，都是重構，都是意在言外，都是虛擬實境。公羊學者間，彼此論史事的差異，以及他們各自的「歷史性」立場，頗值得注意。

　　從這角度來講公羊學，來看董仲舒，就有許多值得討論之處。武帝即位之後，下了一份詔書，以求賢良方正直言極諫之士，之後在元

1　《春秋》三傳，探察微言，覓求史義，皆重敘事，所謂書法，即事顯義，尋繹微辭隱寓，都以屬辭為重。相對於西方敘事學，強調情節推動、形象塑造、情節穿插，各有側重點，頗有異合。三傳互較，則《左傳》更以敘事解經見長。可見張高評：〈自序：比事屬辭與中國敘事傳統〉，《比事屬辭與古文義法──方苞「經術兼文章」考論》（臺北：新文豐出版公司，2016年）。張素卿：《敘事與解釋──《左傳》經解研究》（臺北：書林出版公司，1998年）。

光元年又詔賢良察策。在兩次詔問之中，最著名的回應就是董仲舒的
《天人三策》。故董仲舒論治道，以《天人三策》與《春秋繁露》最
為重要，都跟他的立場有關，也源自於他的經學，特別是對《春秋》
的理解。《史記・儒林列傳》：「唯董仲舒明于春秋，其傳公羊氏
也。」就董仲舒看來，經學是他理解世界，改變世界的資源，他以公
羊學的角度，在學術與政治交涉中，在理想與現實的衝突裡，擘劃政
策，企圖開物成務，以經學論政，以經學改制更化。但是，從經學世
界到國家社會，言政論道，董仲舒是怎樣解讀《春秋》？《春秋》經
傳的差異，他又如何看待？微言大義，通於改制，他到底要怎樣釐
清？這是本文首先要討論的問題。

　　近代以來，《春秋繁露》以淩曙、蘇輿二種注本，廣受引用，而
蘇輿《春秋繁露義證》，又是以淩曙注本為底稿，參酌史料，多加發
揮而成。關於《春秋繁露義證》的研究，學界往往聚焦在他對康有為
的批評，目前已有專門的博士論文，處理這個問題。[2]也有多篇論
文，[3]討論他與康有為的差異。大多是指出：康有為以今文經為主，
蘇輿則是今古文並取；蘇輿並非反對改革，但他批評康梁式的做法，
也不認可革命；《春秋》是立義之書，不是改制之書。[4]

　　本文主要指出，蘇輿等人的現實環境，與董仲舒不同，他們那時
所承繼的學術傳統，也與漢代頗有差異，而公羊學經過何休之後，頗

2　李強：《康有為與蘇輿《春秋繁露之比較》》（湖南大學岳麓書院博士論文，2013
　　年）。

3　關於蘇輿的研究，丁亞傑曾有〈臺灣地區研究蘇輿的概況〉，《中國文哲研究通訊》
　　第14卷第1期（2004年3月）。可以參看。

4　相關論點，除前引書之外，另見姜廣輝、李有梁：〈晚清平實說理的公羊學家——
　　以《春秋繁露義證》的詮釋風格為例〉，《湖南大學學報（社會科學版）》第3期
　　（2010年5月）。姜廣輝、李有梁：〈維新與翼教的衝突和融合——康有為、蘇輿對
　　《春秋繁露》的不同解讀〉，《湖南大學學報（社會科學版）》第4期（2010年7月）。
　　盧銘東：〈蘇輿《春秋繁露義證》以禮經世述考〉，《湖南大學學報（社會科學版）》
　　第4期（2004年4月）。

有轉折。只是述古與立義，經世與改制，康蘇二人依此解董，循此解經，都有所見，也有所偏。關鍵就在於董仲舒到怎麼看待《春秋》？如何解釋史事？其實董仲舒的經學，本就通於史，文史通義，如兩束蘆，互倚不倒。本文的研究，即是回到董仲舒的公羊學，重探其說，然後順流而下，比較蘇輿的批註，旁及康有為。參酌比較，述其相同，顯其差異，說明並解釋他們公羊學的特徵。

二　史義並重，經世致用的《春秋繁露》

繼往開來，解釋經典中的典章制度，古為今用，一向是中國傳統學術的重要環節。在古人的認知裡，經典並非束之高閣的圖書館書籍，而是斟酌損益，因應人情之後，舊瓶裝新酒，可以適切於時代，契合於社會，復古而開新的。《春秋》一書更是明天人相與、通陰陽五行，是治國的大經大法，董仲舒自己便說：「《春秋》大一統者，天地之常經，古今之通誼也。」[5]根據陳蘇鎮的研究，他就認為在士大夫與儒生的推動下，《春秋》是漢代立法與推行政制的主要經典之一，極為重要。[6]

董仲舒身屬其中，也不例外。董仲舒與《春秋》的關係，正如林聰舜所言：「西漢的尊儒運動不始於董仲舒，董的獨特貢獻在於替『六藝之科、孔子之術』做出新詮釋。在理論的步驟上，董首先提高

5　〔漢〕班固撰，〔唐〕顏師古注：《漢書》（臺北：宏業出版社，1996年），頁2523。西漢公羊學，特別強調大一統，並主張崇讓觀，顯然與西漢從分封功臣，到分封諸王的歷史有關。武帝時期，諸侯王多有驕恣，武帝胞兄膠西王，便是其中之一，所以特地命董仲舒為膠西相，此所以有《春秋繁露》〈對膠西王越大夫不得為仁〉之作。可見張端穗：《西漢公羊學研究》（臺北：文津出版社，2005年），頁12。

6　陳蘇鎮：《漢代政治與《春秋》學》（北京：中國廣播電視出版社，2001年）。較早期的研究，可見劉德漢：《從漢書五行志看春秋對兩漢政教的影響》（臺北：華正書局，1979年），第四章。

《春秋》的權威，他神化孔子和《春秋》，再透過對《春秋》的詮
釋，使他能效法孔子托乎《春秋》以改制，作為建立帝國意識形態工
作的根據。在對『六藝之科、孔子之術』的新詮釋下，董仲舒有關尊
君、大一統、改制、受命、三綱、陰陽五行宇宙圖式等一整套建立帝
國意識形態的理論，都可在經典，特別是「《春秋》之義」中，找到
立論的根據。[7]

　　董仲舒的解經學，在《春秋繁露》有更完整的說明。《春秋繁
露》最早見於《隋書・經籍志》，在此之前，並無董仲舒撰《春秋繁
露》的記載，故歷代不乏質疑非董氏著作的聲音，經過學者考證，現
在大致可以作這樣的判斷：《春秋繁露》全篇不一定就是董仲舒親自
著作，但即使是由後世弟子或後人編著，仍可代表董仲舒的思想。[8]

　　大體來說，董仲舒的理論，主要的對象是君王。他以公羊學解
《春秋》，《春秋》寓涵了王者改制之道，因此破解聖經，就成了他所
發現之秘，但是所謂的解經法，事實上又是為世立法，必有賴君者實

7　林聰舜：《漢代儒學別裁：帝國意識型態的形成與發展》（臺北：臺灣大學出版中
　　心，2013年），頁176。

8　最早提出質疑的是宋人程大昌，稍晚的黃震也提出類似看法，他們大多認為《通
　　典》、《太平御覽》等書都有轉引文字，但查今本《春秋繁露》卻皆無記載，而且此
　　書文意淺薄，不似董仲舒所為，加上有些篇幅混雜難分，因此斷定非董仲舒著作。
　　對此疑案，近人徐復觀先生已有考證，他認為這些質疑最多只能說明此書有殘缺，
　　但並非偽書，而且文辭並不膚淺，總之，《春秋繁露》固然可能是由後人整理而
　　成，但仍可代表董仲舒的思想。近人戴君仁亦提出董仲舒不講五行的觀點，他認為
　　《漢書・董仲舒傳》只講陰陽，未言五行，將《漢書》與《春秋繁露》比照，當然
　　應該是以《漢書》為主，徐復觀不認同這樣的觀點，他認為《天人三策》的中心內
　　容是刑德之說，以刑德配合陰陽，這也正是《春秋繁露》的講法，因此董仲舒沒有
　　在《天人三策》中講五行的必要，鄧紅在此基礎上繼續推衍，他認為《天人三策》
　　確實有類似五行的說法。除此之外，日本學者如慶松光雄、田中麻紗巳、近藤則之
　　等人也對《春秋繁露》的一些篇章（特別是有關五行的篇章）提出質疑，但這些說
　　法已有學者駁之。可參徐復觀：《兩漢思想史》（卷二）（上海：華東師範大學，
　　2001年），頁192-194。鄧紅：《董仲舒思想研究》（臺北：文津出版社，2008年），頁
　　192-195、264-276。

踐。他將修身治國的原則性帶入其中，修身立道，就是法天而行，具有參化天地的神聖感體驗，表現在對禮的各種實踐中，「禮者，繼天地，體陰陽，而慎主客」。[9]形式即是內容，法天尊天，一循天道，就包括了改制更化。

因此，政教散布，移風易世，以聖轉俗，啟文明，開國運，教化行而習俗美，有節，有度，有制，有教，有序，有美，有質，有文，王道政治方成，這也是董仲舒的真正的理想，皆源自於他的經學世界，所以他要重視《春秋》。《春秋》之所以成為君王治國的方針，就是因為上探天端，奉行天道：「《春秋》之道，奉天而法古。是故雖有巧手，弗循規矩，不能正方員。雖有察耳，不吹六律，不能定五音。雖有知心，不覽先王，不能平天下。亦天下之規矩六律已。故聖者法天，賢者法聖，此其大數也。得大數而治，失大數而亂，此治亂之分也。」[10]

順著這樣的觀點，在董仲舒看來，《春秋》奉天法古，是部經世之書，卻非人人都能體會其義，與其欲托之空言，不如深切著明於行事。因此，該如何從《春秋》二百四十二年之文，觀其人，察其物，知其然，亦知其所以然，透過事，看到義，就成了重要的關鍵：「《春秋》記天下之得失，而見所以然之故。甚幽而明，無傳而著，不可不察也。夫泰山之為大，弗察弗見，而況微渺者乎？故案《春秋》而適往事，窮其端而視其故，得志之君子，有喜之人，不可不慎也。」[11]董仲舒談更化、述無為、論六科十指、講絀夏親周故宋，自然是要從經學談到政治，以經學來改變世界。這樣的觀點，都非胡思瞎想，或

9　〔清〕蘇輿：《春秋繁露義證》（北京：中華書局，1992年），頁275。

10　董仲舒的春秋經世，其具體運用之法，參看劉芝慶：〈王道、經學與身體——重探董仲舒的春秋學〉，收於氏著：《從指南山到湯遜湖：中國的知識、思想與宗教研究》，臺北：萬卷樓圖書公司，2019年。

11　〔清〕蘇輿：《春秋繁露義證》，頁56。

是純粹抽象的道理，而是在具體的過往之事中，在這些力透紙背的文字敘述之中，火眼金睛，穿透歷史，真理湧現，發揮而來。

所以董仲舒在談《春秋》之事時，他的所謂改制，並非真的去假設、建構一個曾經的存在，更不覺得史事都只是工具，求得義理之後，就可拋棄，丟到資源回收桶。他是透過不斷的辨析問難，澄清相關的歷史事件，建立某些觀點。對他而言，托古其實就是溯古，挖掘曾經，重建情境，追求真相。這樣的史事復原，述往事，思來者，必定包含著解釋，還有價值判斷。他在試圖理解過去時，也常常自設辨敵，故意提出質疑，虛設主客與往復問對，執經問難，其實也是兩漢經師常見的研討形式。[12]

例如他分析齊頃公家世出身，以至於影響他性格。這些記載，在《春秋》只是寥寥數語：

> （宣公）十有二年，晉人、宋人、衛人、曹人，同盟于清丘。宋師伐陳。衛人救陳。
> （宣公）十有三年。春，齊師伐莒。
> （宣公）十有七年。己未，公會晉侯、衛侯、曹伯、邾子。同盟于斷道。
> （成公）二年。春，齊侯伐我北鄙。夏，四月，丙戌，衛孫良夫帥師，及齊師戰於新築，衛師敗績。

《左傳》對此經文，說：「十七年，春。晉侯使郤克征會于齊，齊頃公帷婦人使觀之。郤子登，婦人笑于房。獻子怒，出而誓曰：所不此報。無能涉河。獻子先歸，使欒京廬待命于齊，曰：不得齊事。無復

---

12 這種方式，也表現在漢代辭賦，並影響後來的玄學清談。可參唐翼明：《魏晉清談》（臺北：東大圖書公司，1992年），第二章。

命矣。郤子至，請伐齊。晉侯弗許。請以其私屬，又弗許。齊侯使高
固、晏弱、蔡朝、南郭偃會。及斂盂。高固逃歸。」「齊侯親鼓，士陵
城。三日，取龍。遂南侵，及巢丘。」[13]《春秋》經文，條列而已，
前因固然不知，後果尚也未明，《左傳》則是敘述清楚，史事暢達。
董仲舒則不一樣，他更是要在事件中，看出端倪，發現意義的，於是
他既要說明歷史，更要評判論衡，敘述史實，同時也是價值分析：

> 齊頃公親齊桓公之孫，國固廣大而地勢便利矣，又得霸主之餘
> 尊，而志加于諸侯。以此之故，難使會同，而易使驕奢。即位
> 九年，未嘗肯一與會同之事。有怒魯、衛之志，而不從諸侯于
> 清丘、斷道。春往伐魯，入其北郊，顧返伐衛，敗之新築。當
> 是時也，方乘勝而志廣，大國往聘，慢而弗敬其使者。晉、魯
> 懼怒，內悉其眾，外得黨與衛、曹，四國相輔，大困之會，獲
> 齊頃公，斲逢丑父。深本頃公之所以大辱身，幾亡國，為天下
> 笑，其端乃從懾魯勝衛起。伐魯，魯不敢出；擊衛，大敗之，
> 因得氣而無敵國以興患也。故曰，得志有喜，不可不戒，此其
> 效也。自是之後，頃公恐懼，不聽聲樂，不飲酒食肉，內愛百
> 姓，問疾吊喪，外敬諸侯。從會與盟，卒終其身，國家安寧。
> 是福之本生于憂，而禍起于喜也。嗚呼！物之所由然，其于人
> 切近，可不省邪？

齊桓公之後有孝公、昭公、懿公、惠公、然後則是頃公。齊頃公自以
為名門之後，得霸主餘蔭，驕傲自尊，自以為是。他曾率兵攻打魯、
衛，二國向晉國求援。郤克帶領援軍，討齊以救魯、衛。結果窰之

---

13 楊伯峻編著：《春秋左傳注》（北京：中華書局，2000年），頁717-718、771-772、
786。

戰，齊頃公大敗，身辱名羞，幾乎亡國。幸好部下逢丑父代君而死，
齊頃公才逃過劫難。董仲舒論史記事，還要發揮一番議論，才說：
「得志有喜，不可不戒」「是福之本生于憂，而禍起于喜也。嗚呼！
物之所由然，其於人切近，可不省邪？」「自是之後，頃公恐
懼……。」以史為鑒，事實在經書中，需要析論而後大明，故《春
秋》大義，得失、是非、貴賤、尊卑之類，都由史而見，我們引以為
訓，見賢思齊，不賢則自省，然後運用在當下，這才是春秋經事的關
鍵，「《春秋》，大義之所本耶？……。然後援天端，布流物，而貫通
其理，則事變散其辭矣。故志得失之所從生，而後差貴賤之所始
矣。」[14]

　　至於逢丑父，他自然也有見解：[15]

> 逢丑父殺其身以生其君，何以不得謂知權？丑父欺晉，祭仲許
> 宋，俱枉正以存其君。然而丑父之所為，難于祭仲，祭仲見賢
> 而丑父猶見非，何也？曰：是非難別者在此。此其嫌疑相似而
> 不同理者，不可不察。夫去位而避兄弟者，君子之所甚貴；獲
> 虜逃遁者，君子之所甚賤。祭仲措其君于人所甚貴以生其君，
> 故《春秋》以為知權而賢之。丑父措其君于人所甚賤以生其
> 君，《春秋》以為不知權而簡之。其俱枉正以存君，相似也；
> 其使君榮之與使君辱，不同理。

董仲舒自問自答，逢丑父代君而死，自殞而存君，為何仍不算權？他
以祭仲與逢丑父作比較，分析二人行事史跡，逢丑父所為，其實更難
於祭仲，但後者見許，前者為非，這就是《春秋》難讀，又具有深義
的地方，知人論事，是非難別，由此可見。

---

14 〔清〕蘇輿：《春秋繁露義證》，頁143。

15 〔清〕蘇輿：《春秋繁露義證》，頁59-60。

　　因為行為相似，理有不同。相似之處，存君；相異之點，則是辱君。祭仲先是驅逐鄭昭公，扶位鄭厲公，後又重立鄭昭公，《春秋公羊傳》稱許為知權，原因是知權而反經，「古人之有權者，祭仲之權是也。權者何？權者反于經，然後有善者也。權之所設，舍死亡無所設。行權有道，自貶損以行權，不害人以行權。殺人以自生，亡人以自存，君子不為也。」[16]君王退位廢立，祭仲出突（鄭厲公）入忽（鄭昭公），「少遼緩之，則突可故出，而忽可故反，是不可得則病，然後有鄭國。」表面上來看，違反君臣之禮，可是鄭昭公去而復返，前枉而後義，結果是對大家都好的，「然後有善者也。」董仲舒的解釋，卻非如此。他並非以收場答案，而是以行為的屬性與內涵來看的：[17]

　　　　故凡人之有為也，前枉而後義者，謂之中權，雖不能成，《春秋》善之，魯隱公、鄭祭仲是也。前正而後有枉者，謂之邪道，雖能成之，《春秋》不愛，齊頃公、逢丑父是也。夫冒大辱以生，其情無樂，故賢人不為也，而眾人疑焉。《春秋》以為人之不知義而疑也，故示之以義，曰國滅君死之，正也。正也者，正于天之為人性命也。天之為人性命，使行仁義而羞可恥，非若鳥獸然，苟為生，苟為利而已。是故《春秋》推天施而順人理，以至尊為不可以加于至辱大羞，故獲者絕之。以至辱為亦不可以加于至尊大位，故雖失位弗君也。已反國復在位矣，而《春秋》猶有不君之辭，況其然方獲而虜邪。其于義也，非君定矣。若非君，則丑父何權矣。故欺三軍為大罪于晉，其免頃公為辱宗廟于齊，是以雖難而《春秋》不愛。

---

16 黃銘、曾亦譯注：《春秋公羊傳》（北京：中華書局，2016年），頁105。

17 〔清〕蘇輿：《春秋繁露義證》，頁60-62。

丑父大義，宜言于頃公曰：「君慢侮而怒諸侯，是失禮大矣。今被大辱而弗能死，是無恥也而復重罪。請俱死，無辱宗廟，無羞社稷。」如此，雖陷其身，尚有廉名。當此之時，死賢于生。故君子生以辱，不如死以榮，正是之謂也。由法論之，則丑父欺而不中權，忠而不中義，以為不然？復察《春秋》。《春秋》之序辭也，置王于春正之間，非曰上奉天施而下正人，然後可以為王也云爾。

逢丑父欺晉獲罪，又讓齊頃公免辱於宗廟，此事雖難，但仍不被認可，因為他的行為欺而不中權，前正而後枉，忠而不中義，導致君王「獲虜逃遁」。他從這件事中得到的啟示與意義，境況不同，在那當時，死賢於生，與其辱而生，不如死以榮，所以逢丑父人雖死，但行為處置不恰當，仍不能算是大義，不算權變，行為導致的結果，「自是之後，頃公恐懼，不聽聲樂，不飲酒食肉，內愛百姓，問疾吊喪，外敬諸侯。從會與盟，卒終其身，國家安寧。」但就這件事來看，辱大於榮，原因就是天子至尊，或是最高領導人，不可以受到至辱大羞。[18]

　　畢竟，義藉事而顯，事也因理而明，空談哲理，虛說史事，都是沒有意義的，所謂的托古，其實是述古，或者是說古，在董仲舒「歷史性解讀」的春秋公羊學中，歷史事實與價值理念是合一的。[19]這種

---

18 《春秋公羊傳》稱讚祭仲，是因為知權，導致有好結果；但董仲舒稱許，原因則有不同，是因為他認為祭仲讓國，使他的君王具備了讓德。張端穗：《西漢公羊學研究》，頁162-163。關於對祭仲評價與公羊學的問題，可見蔡長林：〈從對祭仲評價的轉變看公羊學經權說的歷史際遇〉，《漢學研究》第35卷第2期（2017年6月），頁9-55。

19 此處所謂的歷史事實，並非全是我們現今所謂的真相。歷史當然是有真相的，但真相是否一定是客觀而絕對的，頗可多論，當代後現代史學對此，多有分述，因非主題重點，故不贅述。可參古偉瀛、王晴佳：《後現代與歷史學：中西比較》（濟南：

名實相符的觀點，表現在他的〈深察名號〉，過往學界多將焦點放在「名」本身，已有許多深度研究，其實董仲舒由名號談及性情問題，看起來都是談論符徵與符旨，本身內在理路卻饒有深義。首先，董仲舒強調「名生於真，非其真，弗以為名」[20]，名真不分，故名號，代表真實，必有其事，所以才能稱號，往往也有相應的價值理解。我們觀看古今世界，從過去到現在，從理解到實踐，就要循名責實，以名來探究其真。這個名與真，其實就是另一種的大義，釋名以章義，就像董仲舒從齊頃公、逢丑父、祭仲等人是看到的道德意義，名實事理，是不可分也不必分的，所以他說：「欲審曲直，莫如引繩；欲審是非，莫如引名。名之審于是非也，猶繩之審于曲直也。詰其名實，觀其離合，則是非之情不可以相讕已。」董仲舒批評逢丑父，稱讚祭仲，就在於他以君王之名實，來審核逢丑父之行為性質，脫離大義，名實離分：「名者，大理之首章也」。[21]

正因為這類的述古，並非借托，空言其事，甚至是向壁虛構，虛擬故事，而是他真的去探究過往，研究史跡，做出歷史性的解讀，並深察名號，將君子夫婦父子尊卑之類，正其名，定其真，而大義是非曲直，常常就在名實離合之間，決定取捨。但是我們又該如何做？才能循名責實，由名而知真，進而理解並實踐大義呢？將價值理念體貼到古今世界呢？董仲舒說，名號出於天，《春秋》奉天法古，因此解讀體知《春秋》，自然是必行的步驟──其實更廣泛地說，閱讀經典，本就是一種修行，循天道，修身而行：「循天之道以養其身，謂

山東大學出版社，2006年），頁46-48。本文所指的是「歷史性解讀」。董仲舒解釋史事，以求大義，顯然有其「歷史性」的刻意解讀。所謂的「歷史性」解讀，根據黃俊傑的看法，是指解讀者因身處時代的歷史情境與歷史記憶，以及其思想系統所致，都會影響解讀者以自己的「歷史性」，進入文本的思想世界。黃俊傑：《東亞儒學史的新視野》（臺北：臺灣大學出版中心，2006年），頁46-48。

20 〔清〕蘇輿：《春秋繁露義證》，頁260。
21 〔清〕蘇輿：《春秋繁露義證》，頁285。

之道也」[22]，於是〈深察名號〉，筆鋒一轉，談起了性情：「今世闇于性，言之者不同，胡不試反性之名？……性之名不得離質，離質如毛，則非性已，不可不察也。」「身之名取諸天……；天有陰陽禁，身有情欲柂，與天道一也。」[23]

以經學而通天人，明治道，這方面的看法，董仲舒的性情論，以及法天而引起的修身問題，與柏拉圖的「模仿」之說，頗有異同。[24]因為，就董仲舒看來，王者循天道，修身而行，都不是簡單地比附而已，他認為在這個世界裡，人與天是息息相關的，聯類共感，氣化相應，學者或稱為「聯繫性思維方式」，[25]或以「引譬連類」為主，[26]又或是講成「同源同構互感」，[27]其意大多類似。但這種聯繫引譬，互感聯類，很多都是由身體觸發的。這種觸發，正是人有感於外在環境變化的深切感受，人要理解外在環境，才可能因應外在環境，做出比較好的選擇與政策，董仲舒的「法天」，即是指此。如果就柏拉圖看來，天人關係，可以說是一種「模仿」，他主張人類應當效法天體的運動，天上的秩序正好就是人間城邦最好的模型，因此要和諧，避免衝突，法自然四時，弗雷德（Drothea Freda）感到難以理解，說如果這是比喻，或許還可，只是如果真的要效法，究竟該怎麼做，才不至淪為空談？人到底要學習天上的什麼東西？又該怎麼學習？人天之際，究竟如何可能？他的回答是：「因為他的目的也許不僅僅是要將

---

22 〔清〕蘇輿：《春秋繁露義證》，頁444。

23 〔清〕蘇輿：《春秋繁露義證》，頁291、293。

24 本文重在討論董仲舒如何解釋過去，至於他如何改變當下，可見劉芝慶：〈王道、經學與身體——重探董仲舒的春秋學〉，《從指南山到湯遜湖：中國的知識、思想與宗教研究》。

25 黃俊傑：《東亞儒學史的新視野》，頁314。

26 鄭毓瑜：〈身體時氣感與漢魏抒情詩——漢魏文學與楚辭、月令的關係〉，《漢學研究》第22卷2期（2004年12月），頁5-13。

27 葛兆光：《道教與中國文化》，頁42。

宇宙秩序投射到地球上或是按照天體秩序塑造人類了靈魂，而是想要永恆的靈魂與永恆的身體之間設計出一種理想的關係，並且展示人類在這一方面所能學習的東西。」[28]

由此可見，董仲舒的《春秋繁露》，談史事，並非全把史事認為是孔子寓托，而是視為實際發生的事情；過往之事何其多，鄰貓生子，雞毛蒜皮，難已盡記，故孔子寫上某事，又如何寫，筆鋒濃淡，取捨選擇之間，便大有可說。於是透過言內之事，來探求言外之意，就成了董仲舒非常在意的問題，借用錢穆的書名，這就是「中國歷史精神」。只有精神，沒有歷史，是不夠的，更不能有了前者，遺忘後者，軀體存有，靈魂欠缺，也不行。所以言內與言外，史事與義理，是相輔相成的，他才又有六科十指之說，金針度與，示人門徑，告訴我們該以何種原則，解讀《春秋》，六旨（六科）並非要把《春秋》大義分為六類，而是指出《春秋》義法的彰顯目的與效用，[29]所以才就得失貴賤、法誅罪源深淺，又或是君臣尊卑之道而論，用意在於說明「幽隱不相踰，而近之則密矣，而後萬變之應無窮者，故可施其用于人，而不悖其倫矣」。再者，董仲舒也認為《春秋》二百四十二年所涉之事極為廣博，但大致有十點要義，此即「十指」。董仲舒以十指之論，對《春秋》義法發凡起例，而《春秋》又隱含王者改制之說，因此十指不但是事之所繫、屬辭比事，但同時也是王化所流，所以十指是解譯的方法，要從《春秋》史事中，明《春秋》大義。

---

28 〔德〕多羅西婭・弗雷德著，劉佳琪譯：《柏拉圖的《蒂邁歐》：宇宙論、理性與政治》（北京：北京大學出版社，2014年），頁99。
　　值得注意的是，陳昭瑛從神話思維與原始分類的角度，來分析董仲舒天人思想，並與荀子做比較，有很深入的討論。可見陳昭瑛，《荀子的美學》（臺北：臺灣大學出版社，2016年），頁318-329。
29 楊濟襄：《董仲舒春秋學義法思想研究》（臺北：臺灣師範大學國文研究所博士論文，2001年），頁314。

三　立義而微言的蘇輿《春秋繁露義證》

但是，董仲舒這樣的看法，由蘇輿解釋起來，卻頗有差異。如前所述，關於蘇輿的注疏研究，學界多強調康蘇之異。確實，蘇輿反對康有為等人的公羊學，他在《翼教叢編》中的序言就說：「其言以康之《新學偽經考》、《孔子改制考》為主，而平等、民權、孔子紀年諸謬說輔之。偽六籍，滅至經也；托改制，亂成憲也；倡平等，墮綱常也；伸民權，無君上也；孔子紀年，欲人不知有本朝也。」[30] 托古改制之說，也是他不贊成的，因為他認為孔子並非素王，改制一事，只能由君王來辦，儒生只能是建議，無法擔任第一人，更不可虛構名號，以己意行之。所以《春秋》是立義，不能是改制之書（芝慶按：為方便說明，區別董仲舒原文，下引蘇輿注語，批註自將標明）：[31]

> 《春秋》為立意之書，非改制之書。
> 制非王者不議，義則儒生可立。
> 所云「參酌」「中制」，亦祇是立義耳。

孔子雖然偉大，畢竟只是儒者，不是君王，不能越位，不可逾越，更不可能有〈孔子為改制之王〉、〈孔子為新王〉、〈孔子為素王〉、〈孔子為文王〉、〈孔子為聖王〉、〈孔子為先王〉、〈孔子為後王〉、〈孔子為王者〉之類的講法。[32] 他對近來許多說法感到不滿，特別是康有為：「余少好讀董生書，初得淩氏注本，惜其稱引繁博，義蘊未究。已而聞有為董氏學者，繹其義例，頗復詫異。乃盡屏諸說，潛心玩索，如是有

30　〔清〕蘇輿原作，林慶彰、蔣秋華編輯，楊菁點校：《蘇輿詩文集》（臺北：中研院文哲所，2005年），頁21。

31　〔清〕蘇輿：《春秋繁露義證》，頁112、113。（蘇輿注）

32　這些都是康有為《孔子改制考》卷八的標題。

日，始粗明其旨趣焉。」[33]康有為著有《春秋董氏學》，其公羊家改制說，名滿天下，《新學偽經考》、《孔子改制考》，影響當時學術甚巨。[34]故「改制」與「立義」之分，顯然是有針對性的。他認為那些人的說法，過於鑿空，義理也有問題：「光緒丁戊之間，某氏有為《春秋董氏學》者，割裂支離，疑誤後學。如董以傳所不見為『微言』，而剌取陰陽、性命、氣化之屬，摭合外教，列為『微言』，此影附之失實也；三統改制，既以孔子《春秋》當新王，而三統上及商周而止，而動云孔子改制，上托夏、商、周以為三統，此條貫之未晰也；鄗取乎苢，及魯用八佾，並見《公羊》，而以為口說，出《公羊》外，此讀傳之未周也。其它更不足辨。」[35]

就他看來，《春秋》是不住空言，深切著明於行事的，「空陳古聖明王之道，不如因而著其是非得失，知所勸戒。」他解釋董仲舒「假其位號以正人倫，因其成敗以明順逆」，在董仲舒提及宋襄公、晉厲王的基礎上，說：「因成知順，桓文是；因敗知逆，魯莊、晉厲是；亦有因敗而得其順者，宋襄是也。假位號，因成敗，此聖人作《春秋》之意。因故是以明王義，事不虛而義則博貫。」[36]所以不能跳過這些史事，空言道理，甚至穿鑿附會：「《春秋》之文，非徒為譏刺而已，將使後之王者觀其效以審其原，察其文而修其實，有以得存亡之樞要也。」[37]

---

33 〔清〕蘇輿：《春秋繁露義證》，自序。

34 據錢穆所言，在他的〈劉向歆父子年譜〉以前，學界瀰漫其說。之後才由他摧陷廓清，影響所及，甚至很多大學都不再開設經學課程。錢穆此文，貢獻自然很大，但其實經學課程仍有許多，講課者也常偏向公羊學，並非盡皆更弦易轍。車行健：《現代學術視域中的民國經學：以課程、學風與機制為主要觀照點》（臺北：萬卷樓圖書公司，2011年），第一章。

35 〔清〕蘇輿：《春秋繁露義證》，頁3。（蘇輿注）

36 〔清〕蘇輿：《春秋繁露義證》，頁163。（蘇輿注）

37 〔清〕蘇輿：《春秋繁露義證》，頁129-130。（蘇輿注）

可是，董仲舒明明也有改制的文字，〈楚莊王〉、〈符瑞〉，甚至
〈三代改制質文〉，還刻意標明，蘇輿又該如何處理？他認為改制，
其實就是立義，是儒者相傳舊說，更是漢初儒者通論，為董仲舒所援
用。改制用意在於改末流之制，後人誤會，還以為董仲舒開端起例，
發明改制，實乃大誤：「故余以為董子若生于太初後，或不斷斷於
是。」因此跟孔子沒有什麼關係，當今妄者誤以為王即是指孔子，就
是是荒謬：「妄者至謂王者即孔子，謬不足辨。」[38]至於董仲舒原文：
「是故孔子立新王之道」，蘇輿也特地解釋：[39]

> 制可改者也，惟王者然後能改元立號，治禮作樂，非聖人所能
> 托。道不變者也，周德既弊，而聖人得假王者以起義而扶其
> 失，俟來者取鑒。

> 夫《春秋》立義，俟諸後聖。後聖者，必在天子之位，有制作
> 之權者也。漢之臣子尊《春秋》為漢制作，猶之為我朝臣子謂
> 為我朝制作云爾，蓋出自尊時之意，于經義無預也。

制是可以改的，但道不變，只有天子才有製作之權，只有王者才能改
元立號。王者、天子、皇帝、都是真的存在，不是聖人虛構偽託。周
德既弊，聖人只好取譬連類，借題發揮，以王者之名，來談這些立義
改制的問題，供後者取鑒參考，但改制者只能是皇帝天子，儒者只能
議，不能立，這是大義所在，不能變通的。

　　若然「假王者以起義而扶其失」，則蘇輿必要面對的是，《春秋》
二百四十二年之人事物，哪些是真的史述，哪些只是聖人奪他人酒

---

38 〔清〕蘇輿：《春秋繁露義證》，頁16。（蘇輿注）

39 〔清〕蘇輿：《春秋繁露義證》，頁28、29。（蘇輿注）

杯，澆自己胸中塊壘？也因如此，他連董仲舒的三代改制說，都要否認，認為非有其事，不是事實。書中所言，只是師說，敷衍推展，不是經文本身。既然無事實可據，三代制度又言人人殊，讀者只要知道「義」，不必拘泥于「史」。因為道是不變的，制是可以改的，所以真的弄不清楚條制科表，也沒關係，並非重點，他指出董仲舒〈三代改制質文〉的問題：[40]

> 三代殊制，見於……諸篇甚多。……。皆師說所傳異制。學者質文隨習，不必盡合。

> 本篇所記，但述師說。制于以《春秋》當新王諸義，不見于傳，蓋為改正而設，與《春秋》義不相屬。

> 此云改統，自是一時師說，與《春秋》不相蒙也。

蘇輿論改制差異，目前學界的研究，多聚焦在以口說之《春秋》，發揮微言之《春秋》，上頭引文的師說祖述，不見經傳云云，皆可由此理解。正如郭曉東所指出。康有為的公羊學，強調「口說」一脈，雖頗為切合董仲舒之學，不免過度發揮，詮釋太多而證據太少。[41]

但是，本文要另外指出的是，蘇輿與康有為的差異，如果由董仲舒原文看來，兩人頗有共同點，即是認為《春秋》之史，不必求實，也不用完全當真。所以蘇輿左一句不相蒙，又一句不相屬，學者質文學習，得其微言，知其大義即可，不必盡合。

蘇輿又自問自答，說：「本書〈三代改制〉篇，明以《春秋》為

---

40 〔清〕蘇輿：《春秋繁露義證》，頁184、189。（蘇輿注）

41 郭曉東：〈論《春秋董氏學》與《春秋繁露義證》——對董仲舒的不同詮釋〉，《現代儒學》第三輯，北京：生活・讀書・新知三聯書店，2018年。

一代變周之制，則何也？」答曰：「此蓋漢初師說，所云正黑統、存二王云云，皆王者即位改制應天之事，托《春秋》以諷時主也。」[42]漢初師說，口耳相傳，為諷時主，得其意即可，不是歷史，不必在意。因此〈三代改制〉是當時儒者所言，董仲舒也在其中，是托《春秋》以諷時主罷了。

董仲舒顯然不是這樣看的，如上節所言，董仲舒秉持事理合一，史義不分的原則，文章開頭就標明《春秋》「王正月」，又引用傳，說王就是周文王，他受命而王，所以應該要改正朔，易服色，制禮樂，這是《春秋》的微言大義，這種歷史記載，充滿了豐盈的理念。前人如此，後人亦然，他期勉時主（漢武帝）也該如此做，只是服色禮樂等等，要因時而變。後王與前王一樣，秉授天命，就應改制作科（製作條規）。首先要在十二種顏色當選取一種作為正色，然後以黑統、白統、赤統根據寅、丑、子的逆序循環搭配，黑統以建寅月為正月（一月），其中興服昏冠刑樂都有相應的制度：「斗建寅，天統氣始通化物，物見萌達，其色黑，故朝正服黑，首服藻黑，正路輿質黑，馬黑，大節綏幘尚黑，旗黑，大寶玉黑，郊牲黑，犧牲角卵，冠于阼，昏禮逆于庭，喪禮殯于東階之上，祭牲黑牡，薦尚肝，樂器黑質，法不刑有懷任新產……」，「斗」即是北斗星，北斗七星第五至第七顆為斗柄，四季月分即是根據斗柄所指的位置來畫分。黑統尚黑，因此朝見服、帽子、路輿、符節、印授、旗子、樂器等等，都是以黑色為主；白統則以建丑月為正月（十二月），亦有相應制度：「其色白，故朝正服白，首服藻白，正路輿質白，馬白，大節綏幘尚白，旗白，大寶玉白，郊牲白，犧牲角繭，冠于堂，昏禮逆于堂，喪事殯于楹柱之間，祭牲白牡，薦尚肺，樂器白質，法不刑有身懷任……」；赤統則是以建子月（十一月）為正月，「其色赤，故朝正服赤，首服藻赤，

---

42 〔清〕蘇輿：《春秋繁露義證》，頁16。（蘇輿注）

正路輿質赤，馬赤，大節綏幘尚赤，旗赤，大寶玉赤，郊牲騂，犧牲角栗，冠于房，昏禮逆于戶，喪禮殯于西階之上，祭牲騂牡，薦尚心，樂器赤質，法不刑有身，重懷藏以養微，是月不殺，聽朔廢刑發德……。」文質互補，相輔相成，缺一不可。

正如本文所提出的，蘇輿也講「實」，如前引「察其文而修其實」「事不虛而義則博貫」，但與董仲舒做法大有不同，蘇輿多只是強調不可空言，不要隨意胡說之類。他對史實的強調，深察名號，遠遠比不上對道與義的深耕探求：「《春秋》以立義為宗，在學者善推耳。故孔子曰：『其義竊取。』然而筆削之意可窺事者，落落大端而已，以俟讀者之博達焉。」[43]楊樹達為他寫墓誌銘，也說蘇輿平時持論，說漢儒制經有兩體，一是注重訓詁名物，二則是重大義，「董生之書實為言義理之宗。」「漢儒之學，當首舉董生。」[44]故蘇輿批註〈深察名號〉，就只注重名號背後的實，蘇輿說這是名家之學，以綜微核實為功，公羊學即與此同。凸顯大義，綜微核實，實雖是附名而來，其實比名更重要。他忽略了董仲舒是名實雙彰的，甚至可以名來規範實，可以曲直委屈的。更進一步來說，如果這些史文，只是器，只是工具，明道知義，則得意忘言，得魚忘筌，甚至可以以後者否定前者。蘇輿對三代改制的質疑，與其說是對口說系統的不滿，對康有為的不認同，也可以說他對於史實的追求，不同於董仲舒，而偏偏就在這一點，他與康有為，頗有相似。

由此可見，蘇康之同，都是認為義是第一序，事是第二序。固然理在事中，義在史中，不能離事言理，但他們並非真的都認為事是真的。或寄託，或比喻，或聯類，或借譬，皆無不可。「第二序」，對他們而言，因為述說所及，有必要，也有需要，卻相較於第一序，其實

---

43 〔清〕蘇輿：《春秋繁露義證》，頁12。（蘇輿注）
44 楊樹達：〈平江蘇厚庵先生墓誌銘〉，收入〔清〕蘇輿原作，林慶彰、蔣秋華編輯，楊菁點校：《蘇輿詩文集》，頁258。

沒那麼重要,不必拘泥,也不要完全求真。因此康有為談史,他的論
證,是披著考據的外衣,自己的話多,古人的話少;而蘇輿,或資料
排比,或訓聲考字,看似較為穩妥,如姜廣輝所言,是「晚清平實說
理的公羊學家」,其實也不是要呈現歷史真相,他是要鉤沉微言大義
的,發揮立義之書的。所謂的春秋之旨,很大目的又是為了推翻近來
公羊學,特別是康有為之說。所以他才會說董仲舒三代文質,並不
可信。

於是,當他們把握到所謂的真理之後,則事可無不可,或得魚忘
筌,歷史如何,已非重點;又或是以理限事,義大於事,用他們的研
究得來的微言大義,來解釋更多的線索或史實。例如蘇輿反對康有
為,認為孔子並非真的行王事,董仲舒也不是這樣解釋《春秋》,對
所謂的「吾因其行事而加乎王心焉」(《春秋繁露》引孔子言),就不
厭其煩地說:行事,是往事,而非真行其事,實行其義,因此胡安國
稱讚孔子著書,行事深切著明:「仲尼以為天理之所在,不以為己任
而誰可?五典弗惇,己所當敘;五禮弗庸,己所當秩;五服弗章,己
所當命;五刑弗用,己所當討。」[45]他就批評胡安國搞錯了,行事不
是孔子行王事,而只是孔子假魯史言王法。[46]

其實,二人看似復古,都有著時代因素,影響所及,「本意尊
經,乃至疑經」,就學術史的內緣觀察來看,如果古史辨運動的興
起,上承清代今文家的解經、崔述《考信錄》,經廖平、康有為,最
後到胡適、顧頡剛,從尊孔─疑經─破古,到「古史是層累地造成
的」、「神話分化說」,因為尊經,導致疑經,進而不信古,重新評估

---

45 〔清〕蘇輿:《春秋繁露義證》,頁161。(蘇輿注)

46 胡安國也說孔子改制,只是不在其位,不敢自專,所以只好以特筆微寫,尊時王,
又希望新王有改制之責,因此孔子「行事」,當然是有改制之實的。但蘇輿只強調
孔子不能有王者改制,就身分上著眼。關於胡安國的說法,可參蔡長林、陳顥哲,
〈「王正月」解讀視角的轉變及其意義〉,蔡長林編:《林慶彰教授七秩華誕壽慶論
文集》,臺北:萬卷樓圖書公司,2018年。

一切價值，考辨偽書、區別偽史、破除偽說，康有為正是其中一個重要關鍵。[47]如今看來，蘇輿也不會在這個脈絡之外。

四　結論

董仲舒公羊學的特點，明顯與康、蘇不同，康有為「知孔子制作之學首在《春秋》」[48]，於是孔子改制，孔子為素王，孔子立法，既知如此規律，知義便可離事，不再受限於所謂史的約制：[49]

> 「緣魯以言王義」，孔子之意，專明王者之義，不過言托于魯，以立文字。即如隱、桓，不過托為王者之遠祖，定、哀為王者之考妣，齊、宋，但為大國之譬，邾婁、滕侯亦不過為小國先朝之影，所謂「其義則丘取之」也。自偽《左》出，後人乃以事說經，於是周、魯、隱、桓、定、哀、邾、滕，皆用考據求之，癡人說夢，轉增疑惑，知有事而不知有義。於是，孔子之微言沒，而《春秋》不可通矣。

康有為認為堯、舜、周公、成、康等所謂先王，皆是所托之古。諸子改制，為當時風氣，而孔子為諸子之卓、為制法之王，更亦如是，所以周、魯、隱、桓、定、哀、邾、滕等等，都是托古以立文字罷了，康有為此說，不免以理限事。[50]蘇輿又何嘗不是如此？他認為《春

---

47 王汎森：《古史辨運動的興起》，臺北：允晨文化實業公司，1987年。

48 康有為著，朱維錚、廖梅校：《新學偽經考》（香港：三聯書店，1998年），頁49、87。

49 康有為著，姜義華等編：《春秋董氏學》，《康有為全集》（第二冊）（上海：上海古籍出版社，1987年），頁670。

50 關於康有為改制之說，可見劉芝慶：〈論康有為與廖平二人學術思想的關係——從《廣藝舟雙楫》談起〉，收於《經世與安身：中國近世思想史論衡》，臺北：萬卷樓圖書公司，2017年。

秋》行事，固然深切著明，不可空言，但首在立義，一旦追尋到微
言，則史實如何，又不是重心了，因此義大於事，價值理念與歷史事
實，未必要一致。康有為引「緣魯以言王義」，蘇輿也有辨明，他說
董仲舒之意，並非尊魯為王，孔子更無此意，都只是一般人論史，以
香草美人式的具體性思維，引喻詠事，藉題發揮罷了，只是一則以
物，一個以史，「謂竊王者之義以為義也。托魯明義，猶之論史者借
往事以立義耳。」[51]但董仲舒說魯言義，明明是要先澄清歷史事實：
「今《春秋》緣魯以言王義，殺隱桓以為遠祖，宗定哀以為考
妣……。于稷之會，言其成宋亂，以遠外也。黃池之會，以兩伯之
辭，言不以為外，以近內也。」[52]從這些情況中，觀看其人其事，說
理明義，然後以史為鑒，經世為用的。

　　董仲舒的公羊學，即事言理，所以他要深察名號，史義合一。董
仲舒談改制，說更化，講無為，都是從過往歷史中，見微知著，發揮
挖掘而來，這種歷史性解讀，以公羊學的方式呈現，頗值得注意。本
文的研究，即是回到《春秋繁露》本身，分析其公羊學，然後再順著
原文，分析廣受學界重視的注本：《春秋繁露義證》。從董仲舒到蘇
輿，蕭條異代，同樣解釋《春秋》，同樣是解讀《春秋繁露》，論述卻
產生分歧，我們並旁及康有為，在學界多強調蘇康之異的基礎上，也
從董仲舒的角度，分析二人的可能之同。論述於此，未及之處，還請
學界方家，不吝指正。

51　〔清〕蘇輿：《春秋繁露義證》，頁280。（蘇輿注）
52　〔清〕蘇輿：《春秋繁露義證》，頁280。

柔退：楊倞注《荀》鉤沉

一　荀學研究的進路與推動

　　在儒學史上，孔子之後，孟荀接位。但在歷史進程中，兩人地位不一，唐宋元以來，孟子地位提升，《孟子》升格為儒家經典，由子而經，脫穎而出，元代更被封為亞聖公，相關注本甚多，對於東亞儒學世界，影響也大。[1]荀子則是浮沉於史，歷來論述，或曰「同門而異戶」（揚雄），或評「大醇而小疵」（韓愈），又或是程頤認為性惡之說，大本已失，而揚孟抑荀，視為孤獨者、別出之人，更是學術史上常見的評價。

　　這種看法，從上個世紀以來，漸有改變，從歧出到並軌，孟荀皆為儒學正道，再到「獨立」，既不以孟攝荀，也不以孟定荀，[2]而是以經解經，「還他一個本來的面目」。[3]荀子不再是孟子的對照組，將荀子合理且適當地回歸儒學史，荀子既有其地位，荀學自然也該有其發展脈絡：「在探問儒學真義中想望荀學的重建。」[4]

1　關於孟子在中國儒學史地位的變化，可見黃俊傑：《孟子》（臺北：東大圖書公司，2006年），第七章、第八章；黃進興：《優入聖域：權力、信仰與正當性》（臺北：允晨文化實業公司，1994年），頁241-267。至於孟子在日本、韓國等東亞世界的發展，東亞孟子學的同趣與異調，可見黃俊傑：〈二十一世紀孟子學研究的新展望〉：《東亞儒學：經典與詮釋的辯證》，臺北：臺灣大學出版中心，2007年。

2　此為劉又銘語，見其《一個當代的、大眾的儒學——當代新荀學論綱》，北京：中國人民大學出版中心，2019年。

3　借用胡適語。胡適：〈《國學季刊》發刊宣言〉，《胡適文存二集》（上海：亞東圖書館，1928年），頁20。

4　此為曾暐傑語。關於「歧出」、「並軌」、「獨立」的細解，可見曾暐傑：《性惡論的

　　可是，不論歧出也罷，獨立也好，荀子思想的解釋，推陳出新，當代學者如林宏星（東方朔），將荀子視為「總結式」的人物，他以「合理性之尋求」為總綱，叩問荀子哲理；[5]何淑靜則在心性之外，另從「工夫論」、「為學」、「成聖之道」等面向，重探荀子思想；[6]陳昭瑛則是以「類」，從類的本質、自覺、生活，體知荀子美學……。[7]但是，「荀子」文本俱在，字句或有可商，概念可再釐清，不過總有依憑可據。「荀學」則不然，歷來詁訓、章句、正義、集解者，實在不太多，相較於現存[8]「孟學思想史論」的趙岐、林慎思、朱熹、焦循、黃宗羲、王夫之、戴震、康有為，以及許多東亞儒者，如伊藤仁齋、中井履軒、山田方谷、鄭齊斗等等，系譜成林，循序有當。關於荀子的相關注解疏義，確實少了許多。在楊倞之前，劉向曾經整理，定名：《孫卿新書》，數百年間，多以抄本形式流傳，而清代王先謙注本流傳極廣，學界更是重視。[9]只是要以注解注釋來建構荀學，顯然這方面的資料是不足的。更何況，就近代學者的研究來看，楊倞、王先謙、久保筑水、豬飼敬所的荀子學，究竟在字義名物訓詁之外，能否解析出更多義理層面，仍舊有待努力。

　　可是，孟學、荀學的研究，本來就不僅是專門注本這樣簡單。畢竟閱讀常與歷史社會環境有關，如果把閱讀放到各自的脈絡中，讀者們如何建構了文本的流變意義？又該如何理解這些人的經驗與實

　　誕生：荀子「經濟人」視域下的孟學批判與儒學回歸》（臺北：萬卷樓圖書公司，2019年），頁4-17。

5　林宏星：《合理性之尋求：荀子思想研究論集》，臺北：臺灣大學出版中心，2011年。

6　何淑靜：《荀子再探》，臺北：臺灣學生書局，2014年。

7　陳昭瑛：《荀子的美學》，臺北：臺灣大學出版中心，2016年。

8　例如還有許多已亡佚，只剩片段可尋的相關著作，以兩漢來說，則有揚雄《孟子注》、程曾《孟子章句》、鄭玄《孟子注》、高誘《孟子章句》、劉熙《孟子注》。

9　關於荀子版本問題，可見霍生玉：《古詞今語：《荀子》與楊倞注詞彙比較研究》（上海：上海古籍出版社，2019年），頁8-10。

踐？[10]後世學者，或是社群言說，不論是自覺、不自覺，可能受到的影響，本身就是學術思想史要探究的重點之一，用勒夫喬（A. O. Lovejoy）的書名來說，可以說是「存在的巨鏈」。但時空改變，蕭條易代，觀念也會轉型，名同實不同，概念本身也產生異化，可能變成了一種思想的社會史（social history of thought）。荀子對後世的影響發散，以及荀子的思想傳承，甚至荀學史的建構，頗類於此，從個人到群體，目前學界更多的是以「思想傳播」或是「得失評價」（包括生平考證）來看待荀學（其實孟學或是其他學脈，也多是如此）。後者，像是某某提到《孟子》、《荀子》，著文專論，如蘇軾〈荀卿論〉、汪中〈荀卿子通論〉、荻生徂徠《讀荀子》之類；前者，如梁濤認為思孟學派的說法，過於一廂情願，受到理學家道統說影響太重。事實上子思－荀子的傳承，也不可忽略，既非別子，也不歧出，所以他主張「回到子思去」，子思一派的作品，是多向的，孟荀代表了分化的過程發展。對於孟荀，他更有「統合孟荀，創新儒學」的呼籲。[11]

另外一種層面，正如劉又銘所主張的，是以荀子哲學的普遍形式，重要觀念，梳理思想史，看看那些學者文士有著荀學理路，這些人未必尊荀，也未必談性惡天人之分，但表彰荀學性格[12]，挖掘的「潛藏的荀學理路」[13]卻是一致的。更進一步延伸，這種情況，有其

---

10 James L."Machor, Introduction: Readers/ Texts/Contests", idem., edited, *Readers in History: Nineteenth -Century American Literature and the Contexts of Response* (Baltimore, MD: Johns Hopkins University Press.1993), pp. xxi - xiil.當然，「閱讀」並非單純的解讀而已，當代對於閱讀的研究，在「新文化史」的脈絡中，包括文本如何生產、製造、流通、繁衍、商業化、符號化等等，都有許多研究與反思。

11 梁濤：《郭店竹簡與思孟學派》（北京：中國人民大學出版社，2008年），頁526-527。梁濤：「統合孟荀的新視角——從君子儒學與庶民儒學看，」《哲學動態》，2019年10期。

12 劉又銘：《一個當代的、大眾的儒學——當代新荀學論綱》，頁2-3。

13 田富美：〈清儒心性論中潛藏的荀學理路〉，《孔孟學報》第85期（2007年9月），頁289-290。

社會性因素，所以哲人思想家也藉此回應時代問題，如章太炎、梁啟
超、譚嗣同等人。[14]

　　當代荀學的的進路與推動，隨著更多青年才俊的加入，彷若旭日
東昇。雖然在研討會評論，或是期刊審查，或是其他地方的許多意見
中，我們會看到許多善意、中肯或是缺乏理解批評。但不管如何，疑
義相與析，為學辯難，方能深入系統化、細緻化論題，建立更合理更
被人接受的框架，丸走珠盤，重建荀學，是值得努力的方向。而在這
個學術平等，諸子並列，「以色列中沒有王，各人任意而行」的當
代，任何學脈、系譜、社群、知識結構、哲學普遍形式的成立，只要
所言成理，都是有可能的。我們對於荀學（當然也包括了東亞荀學
史）的推動，自然也能更有溫情的敬意，同情的理解。[15]

　　前已言之，不論是荀子思想重探，或是荀學史求索，甚至是荀學
社群的建立，朝氣日漸蓬勃。有意思的是，傳統的注釋者，相較之
下，如楊倞、王先謙的荀子學，研究反而沒有「尋找荀學性格」那樣
多。究其原因，或許是注疏體例，或整輯排比，或參互搜討，名物度
數，音義形聲，並非都有微言大義。不過，若以當代詮釋學的啟迪來
看，資料的裁斷、選用、節錄、割取、考據證明，都取決於作者的視
野、眼光、判斷、識見、社會因素，作者採銅於山，讀者自然也該由

---

14 朱維錚：〈晚清漢學：「排荀」與「尊荀」〉，《求索真文明——晚清學術史論》，上
　　海：上海古籍出版社，1997年。江心力：《20世紀前期的荀學研究》，北京：中國社
　　會科學出版社，2005年。周志煌：《物類與倫類：荀學觀念與近現代中國學術話
　　語》，臺北：洪葉文化事業公司，2013年。

15 《國文天地》第415期（2019年12月）曾規劃專題「新荀學研究特輯」，或可視為某
　　種類型的荀學研究宣言。
　　目錄如下：曾暐傑：〈從照著講到接著講——新荀學的研究背景、脈絡與發展；莊
　　佑端：〈生於今而志乎古，則是其在我者——佐藤將之先生荀子研究評述〉；劉又
　　銘：〈當代新儒家荀學派登場了——談我的當代新荀學建構〉；路德斌：〈孔孟之道
　　與孔荀之道——儒家哲學的兩個傳統及其倫理取向〉；王楷：〈荀子義命分立觀發
　　微〉；劉鎧銘：〈荀子中的禮與欲望〉。

形入神，從文獻探索心志。這牽涉到語言並非工具，也非中介，如周華山所說：「現實從來不是等待語言來反映，語言亦非消極被動的媒介。相反，語言積極地建構、整理、編排出一個嶄新的現實。」[16]正因如此，我們才能在語言組織中，尋章摘句，義理明，訓詁亦明，楊倞自言：「所以荀子之書，千載而未光焉。輒用申抒鄙意，敷尋義理。其所徵據，則博求諸書。但以古今字殊，齊楚言異，事資參考，不得不廣。或取偏傍相近，聲類相通，或字少增加，文重刊削，或求之古字，或徵諸方言。」[17]（作者按：為方便說明，區別原文，下引楊倞注語，注解自將標明）古字、方言、聲音、字形，當然都是楊倞在意的，目前的研究，也多針對這方面，劉文起有多篇成果，足資代表。[18]

再者，又或是就楊倞生年行事，上窮碧落下黃泉，動手動腳找東西，只是資訊不多，史料難證，想要「細按行年，曲探心跡」，難度極大。[19]至於楊倞注荀的學術意義以及影響，更是多數學者措意關心

16 周華山：《「意義」──詮釋學的啟迪》（臺北：臺灣商務印書館，1993年），頁185。其實，重視語言，一向是中國思想的重要傳統，鄭吉雄早已指出，「語言」在經典建構、傳述乃至於形成詮釋傳統的過程中，占有關鍵地位，古代中國語言與哲學二者，緊密依附於政治體系。而漢字形、音、義統一的特性，讓士人在勾稽經典文獻時，不得不逐字細察字形、聆聽讀音，在體知過程中，寓意得以進入而植根於身體，於是成為修德以治世成為可能。至於「古訓」則寄寓於語言文字，「故訓」確定了古老經典成為政治教化的神聖場所，「詁訓」之學，就成為登入堂奧前必經的洗禮儀式。鄭吉雄：〈論先秦思想史中的語言方法：義理與訓詁──體性新議〉，《文史哲》2018年第5期，頁38-67。

17 荀況著，楊倞注：《荀子》（上海：上海古籍出版社，2018年），頁383。（楊倞注）

18 劉文起：〈《荀子‧成相篇》及〈賦篇〉楊倞注正補〉，《世新大學人文社會學報》第13期（2012年7月）。劉文起：〈《荀子‧大略篇》楊倞注之探討〉，《東吳中文學報》第23期（2012年5月）。劉文起：〈從義理及史實探討楊倞注《荀子》之缺失〉，《世新大學人文社會學報》第4期（2003年5月）。此外，尚有趙乖勳：〈《荀子》注釋獻疑十五則〉，《孔子研究》2015年第六期。劉文起諸文，除楊倞，也討論討論王先謙等人的注解。

19 胡耀飛：〈楊倞及其行實綜考──兼論〈荀子注〉的時代背景〉，《晚期中古史存

的，相關研究較多。[20]本文的論點，用意在於進入注釋體例，引用學界成果，解析楊倞的荀學。重在哲思層面的闡發，「申抒鄙意，敷尋義理」，楊倞如此解荀，作者也企圖如此解楊，並在文獻不足的情況下，按照現有線索，進一步討論，楊倞突出荀子思路的某些面向，面向為何？怎麼自圓其說？與荀子原文，是曲解還是深化？是否有政治社會的時代因素？本文立基於此，詳人所略，略人所詳，在學界較少論述的義理層面，予以加強，期能增進大家對於楊倞注荀的認識與理解。

二　柔退：楊倞注《荀》鉤沉

我們不妨直接破題，楊倞注荀，自然有許多概念與字詞的澄清與推敲，其中一個重要的觀點，似乎仍未被研究者指出，本文不厭其煩，將儘量詳細論證。

柔退[21]──是楊倞注荀，刻意開發的重點之一，而且重在為臣之道。這種柔退，並非都是固定的，必須是動態得中，所以要講「禮義之中」，他解釋：「禮義之中，時止則止，時行則行，不必枯槁赴淵也。」[22]意指屈原，他以揚雄評屈原為例，遇時則行，不遇則龍蛇，

稿》，北京：中國社會科學出版社，2019年。可能是目前關於楊倞生平考證中，最為完善的論文。霍生玉則考證「倞」的讀音演變，應念為「jiàng」，讀強去聲，其亮切，較為妥當，以及比較《荀子》與楊倞注的詞彙語用，頗為重要。霍生玉：《古詞今語：《荀子》與楊倞注詞彙比較研究》。

20 馬積高：《荀學沿流》（上海：上海古籍出版社，2000年），第十一章。劉文起：〈楊倞「荀子」注之學術成就〉，《中正大學中文學術年刊》第4期（2001年12月）。張明：〈楊倞《荀子注》之得失及其思想影響〉，《東嶽論叢》第39期第7期（2018年7月）。

21 「柔退」二字，並非真的出現在楊倞注解中，類似的詞語，所在多有，為了方便敘述，本文採用一個概稱。這樣的講法，自然是不會違背楊倞原意的。

22 荀況著，楊倞注：《荀子》，頁19。（楊倞注）

又何必自沉投江？人生處世，充滿各種限制與自由，重「時」，更是一向是儒家通義，[23]荀子本文也說了，人要像蒲葦，又或是剛猛，重點是與時屈伸，在不違背義的原則之下，知當曲直，與世俯仰，要看清楚時勢、充滿彈性：「與時屈伸，柔從若蒲葦，非懾怯也；剛強猛毅，靡所不信，非驕暴也；以義變應，知當曲直故也」[24]，不是隨波逐流，而是借力使力，是靈活操作，才可轉敗而為功，因禍而得福。這種模式，更進一步來講，荀子以論說為例：「善者於是間也，亦必遠舉而不繆，近世而不傭，與時遷徙，與世俯仰，緩急贏絀，府然若渠匽櫽栝之于己也。曲得所謂焉，然而不折傷。」[25]與時遷徙，與世俯仰，緩急贏絀，都要注意曲而不傷、櫽栝之於己才好。

　　這種動態，雖然欲其得中，仍有動進、靜退之分，相較之下，楊倞較多是以後者統合前者，以退攝進，以靜制動的。所以他解釋荀子「持寵、處位、終身不厭之術……」，對於為臣之道，深得於心，注解：「傳與撙同，卑退也。」「嗛與歉同，不足也，言不敢自滿也。」「謹守職事，詳明法度。」「謹慎親比於上，而不回邪諂佞。」「不以疏遠而懷離貳之心。」「謙，讀為嫌。得信於主，不處嫌疑間，使人疑其作威福也。」「君雖寵榮屈辱之，終不可使為奸也。」[26]此說雖是疏解荀子原文，但卑退、不足、不敢自滿、謹慎、謹守、（不懷）離貳之心、不可使為奸等等，都是幫原文更進一步，作出細膩具象的描寫。荀子在本段結尾處，斷章取義，引了《詩經‧大雅‧下武》，本義是歌頌周武王承繼先王德業，荀子用以轉譬臣對君的態度，楊倞敏銳地看到這點，引用鄭玄的講法，說：「《詩》，《大雅‧下武》之篇。

---

23 林啟屏：《從古典到正典：中國古代儒學意識之形成》（臺北：臺灣大學出版中心，2007年），第七章。
24 荀況著，楊倞注：《荀子》，頁22。
25 荀況著，楊倞注：《荀子》，頁47。
26 荀況著，楊倞注：《荀子》，頁63。（楊倞注）

一人，謂君也。應，當。侯，維。服，事也。鄭云：『媚，愛。茲，
此也。可愛乎武王，能當此順德，謂能成其祖考之功也。』『服，事
也。明哉武王之嗣，行祖考之事，謂伐紂定天下』也。引此者，明臣
事君，亦猶武王之繼祖考也。」此類說法，若非前引荀子注重動靜進
退，兩相不廢，讀者恐怕會誤以為楊倞筆下的荀子，強調臣之於君，
那種小心翼翼，戰戰兢兢的模樣，是為保權位功名利祿所致。

　　楊倞當然不是這樣的，就他看來，柔退，是貫微洞密之後的海闊
天空，因為看得清，退之深，更能左右逢其源。他自問自答，有人批
評荀子非王道之書，以駁雜之術事君，未免不純，他反駁道：[27]

> 不然。夫荀卿生于衰世，意在濟時，故或論王道，或論霸道，
> 或論強國，在時君所擇，同歸于治者也。若高言堯、舜，則道
> 必不合，何以拯斯民于塗炭乎？故反經合義，曲成其道，若得
> 行其志，治平之後，則亦堯、舜之道也。又荀卿門人多仕于大
> 國，故戒以保身推賢之術，與《大雅》「既明且哲」豈云異哉！

楊倞眼中的荀子，就是一個因勢應變，與時遷徙，偃仰緩急、贏絀得
宜的智者，因為門下弟子多仕大國，所以保身推賢之術，特別重要。
也因為意在拯救時弊，所以不拘一格，王道霸道強國，無可無不可，
只是殊途同歸，拯救萬民於塗炭，同歸堯舜治道。所以「反經合義，
曲成其道」，前者是經權問題，堅持原則而靈活運用；後者重在於
「曲成」，不論是哪種，表裡如一，都不是直線式的思考，一根腸子
通到底，正如楊倞注解「柔從若蒲葦」，說「蒲葦所以為席，可卷者
也。」[28]卷，就比直更卑而不露，潛而不明，有著更寬鬆、更難以執

---

27 荀況著，楊倞注：《荀子》，頁64。（楊倞注）

28 荀況著，楊倞注：《荀子》，頁22。（楊倞注）

著定量的舒展空間，所以看似背道而馳，卻是往正確的道路前進，以退為進，似曲實直，如隱則彰，意料之外，無一非暗中期待。世人以為駁論，臣服於主，臣太卑，主太尊，實則相反，重點在於引導君王，成治世，救萬民：「既明且哲」。這種類似的觀念，也非儒家所有，《老子》第四十二章：「故物或損之而益，或益之而損」，《越絕書》：「進有退之義，存有亡之機，得有喪之理。」西諺亦云：「後退所以前躍」（reculer pour mieux sauter），錢鍾書據此引申，說明正反相成，盈缺相生之理。[29]但楊倞發揮了荀子理念，刻意強調到政治上，這種充滿人文彈性，鬆弛有度、足夠回轉的餘裕理念，既不是曲學阿世，還是合義成道的，可見其特殊處。

臣柔退，君臣之際，才能得太平，君才能「操彌約而事彌大」[30]，才是法後王之道，楊倞解釋：「言君子審後王所宜施行之道，而以百王之前比之，若服玄端，拜揖而議。言其從容不勞也。時人多言後世澆醨，難以為治，故荀卿明之。」[31]從容不勞，就在於柔退的關鍵理念，而要謹守禮，禮起於人生而有欲，若缺乏調節度量，欲望可是以無限的，「先王惡其亂也，故制禮義以分之，以養人之欲，給人之求。」故禮的基礎是「養」，禮當然是多樣性、多層面性的。可是以「養」來說，禮也有基本的原則之一，就是不要單面片面看待事物，不同的身分，所需所欲，各有深淺差異。因此，芻豢稻粱、五味調香、椒蘭芬苾、雕琢刻鏤，黼黻文章、鐘鼓管磬、琴瑟竽笙⋯⋯，未必是浪費鋪張，未必是虛榮奢侈，是為了養體養口目耳鼻等等：「孰知夫出死要節之所以養生也！孰知夫出費用之所以養財也！孰知夫恭敬辭讓之所以養安也！孰知夫禮義文理之所以養情也！」[32]因為死

---

29 錢鍾書：《管錐編》第一冊（北京：中華書局，1999年），第23、25則。

30 荀況著，楊倞注：《荀子》，頁26。

31 荀況著，楊倞注：《荀子》，頁26。（楊倞注）

32 荀況著，楊倞注：《荀子》，頁227。

節，反而養生；因為費用，反而養財；因為恭敬慈讓，更能養定安全。反過來看，過度單面理解，沒有雙向回互的能力，就會導致只為偷生，反而只能死；只想得利，往往只能有害；只想著怠惰偷懦，更是危險恐怖。

楊倞顯然用以退為進的概念，抓住了荀子的精隨，對於「出死要節」一段，更是強調君臣關係：「使其孰知出死要節，盡忠于君，是乃所以受祿養生也，則亂而不能保其生也」，[33]就他看來，正是禮的一種。[34]這種觀點，他也常用另外方式表述，甚至因此曲解原文，他解釋荀子賦詠「智」（知）：「夫安寬平而危險隘者邪」，楊倞注：「言智常欲見利遠害」，如梁啟雄、豬飼彥博，都說是寬平為安，險隘為危，意謂君子之智，使人平安，遠離危險。[35]劉文成以安、危為動詞，又引《說文》解危，並批評楊倞在〈解蔽篇〉注釋的「危」等等，皆未得荀意。[36]本文要指出的是，楊倞的注解，正好表達了他的柔退立場。見利遠害，其實就是〈解蔽篇〉中對「危」意思的總結：「『危』，謂不自安，戒懼之謂也。」「處心之危，言能戒懼，競競業業，終使之安也。」[37]不自安、戒懼、競競業業，都不是平面的柔退而已，重點是自利、是多層次的，才是以退為進，轉危為安，符合柔退的往返動態模式：「人雖有憂愉之情，必須以禮節制進退，然後終

---

33 荀況著，楊倞注：《荀子》，頁228。（楊倞注）

34 反過來說，君王也要柔退，這種柔退，與其說是對待臣下，不如說是對待整個國家的政策與態度，就是不要激進，不要為了得到短暫的利益，楊倞認為：「為之有根本，不邀一時之利，故能眾強長久也。不復其戶，利其田宅，故多第也。『以正』言比齊、魏之苟且為正。言秦亦非天幸，有術數然也。」荀況著，楊倞注：《荀子》，頁175。（楊倞注）

35 〔日〕豬飼彥博：《荀子增注補遺》，收於嚴靈峰：《無求備齋荀子集成》第45冊（臺北：成文出版社，1977年），頁59。

36 劉文起：〈《荀子·成相篇》及〈賦篇〉楊倞注正補〉，《世新大學人文社會學報》第13期，頁235-236。

37 荀況著，楊倞注：《荀子》，頁262。（楊倞注）

使合宜。」[38]若能如此，就能牽引接人，進而馴致他人，楊倞注「君子之度己則以繩，接人則用枻」，就特別強調「枻」：「枻，牽引也。」[39]枻，通「曳」，即寬容之明、牽引之明、無所遺棄之明，繩與枻相對，前者度己，後者接人，楊倞從荀子這段話中，看出了寬鬆相容並包的兼術。[40]

因為強調柔退，人之修身，往往必須刻意為之，所以他也才會將「偽」，解釋成人為：「偽，矯也，心有選擇，能動而行之，則為矯拂其本性也」[41]「偽，為也，矯也。凡非天性而人作為之者，皆謂之偽。」[42]是否是荀子原意，或許還有討論空間，[43]就其思路一貫性來看，實有其所以然。學者多單就楊倞注解，是否符合原文本意，固然是個重要問題，但就楊倞的立場來看，當然也有其「歷史性」的解讀[44]。換言之，就是楊倞為何刻意強調「偽」與「矯」？諸如此類的

---

38 荀況著，楊倞注：《荀子》，頁240。

39 荀況著，楊倞注：《荀子》，頁48。（楊倞注）

40 楊倞也引韓愈的說法，檠枻是正弓弩之器。李洛旻不同意韓愈的判斷，他認為將「枻」解成正弓之器，字義難從。所謂的檠「枻」，應從糸旁，作「紲」才對。檠，是正弓用的木片或竹片；紲，則是指穿繫檠木，而與弓體縛緊的繩索。由此推斷，荀子的「接人則用枻」，「枻」就是指縛繫檠木的紲繩，取譬連類，也借代正弓之檠。李洛旻又以秦始皇陵所發掘的弓檠形制為證，先秦時期的檠木，呈凸字形，上有三個小孔，用以穿繫繩索，藉由鬆緊來調節弓臂，匡正及保護弓體。也因為檠紲的功用，荀子將此引申為輔助、引導、牽制、匡正等意義。以檠紲為喻，也能與上句的繩墨相對，都是先秦時期慣用的工具譬喻。李洛旻：〈《荀子》「接人則用枻」解詁及其禮學意涵〉，《中國文化研究所學報》第68期（2019年1月）。關於「枻」、「曳」的關係辯證，可見張豐乾：《訓詁哲學：古典思想的辭理互證》（成都：巴蜀書社，2019年），頁64-65。

41 荀況著，楊倞注：《荀子》，頁271。（楊倞注）

42 荀況著，楊倞注：《荀子》，頁286。（楊倞注）

43 張明：〈楊倞《荀子注》之得失及其思想影響〉，《東嶽論叢》第39期第7期，頁23-25。

44 所謂的「歷史性」解讀，根據黃俊傑的看法，是指解讀者因身處時代的歷史情境與歷史記憶，以及其思想系統所致，都會影響解讀者以自己的「歷史性」進入文本的思想世界。黃俊傑：《東亞儒學史的新視野》（臺北：臺灣大學出版中心，2006年），頁46-48。

問題，學界較少留意，其實正是理解楊倞的重點之一。

　　這種偽，化性起偽，在於楊倞將性解為天性，荀子引孟子：「人之學者，其性善」，楊倞解釋為「孟子言人之有學，適所以成其天性之善，非矯也。」又說「不假飾而善，此則天性也。」這樣解釋，將性看得過度平面，失去了孟子即心言性的動態感，[45]而且天性若然不假飾而善，又何必學？則學與性，反而形成緊張的矛盾。但依其說，孟子不假飾而善，荀子化性起偽而成善，就是性善與性惡的差別。禮義就是積偽而成的，是化性其偽的關鍵，目的在於矯，正如上段所引，無禮，只能片面，只是執見，套用馬庫色的書，取名不取義，就是「單向度的人」，無法領會柔退之道的正反盈缺相生。荀子講性惡，究其原因，楊倞認為是荀子時代因素：「當戰國時，竟為貪亂，不修仁義，而荀卿明于治道，知其可化，無勢位以臨之，故激憤而著此論。《書》云：『惟天生民有欲，無主乃亂，惟天生聰明時乂』。」[46]換句話說，性惡是荀子激憤而論的。[47]

　　楊倞說柔退，可能也是因為唐人巧宦曲學，媚世苟合，合理化自身行為，往往稱之為「圓」，圓融、圓轉、圓滑、圓變，此舉也常被當時人批評，錢鍾書曾引用眾多唐人詩句，說明此理，孟郊〈上達奚含人〉：「萬俗皆走圓，一身獨學方」，白居易與元稹也說安史之亂：「天寶季年時欲變，臣妾人人學圓轉。中有太真外祿山，二人最能道胡旋。」「承奉君恩在圓變，是非好惡隨君口，南北東西逐君昉；柔軟依身看佩帶，徘徊繞指同環釧。……君言似曲屈為鉤，君言好直舒為箭；巧隨清影觸處行，妙學春鶯百般囀。」[48]承奉君恩、臣妾人

---

45 梁濤：《郭店竹簡與思孟學派》，頁364-373。

46 荀況著，楊倞注：《荀子》，頁286。（楊倞注）

47 就荀子原文看來，荀子對性善論，有自己的觀察，也未必不能相應地理解孟子。可見何淑靜：〈論荀子對「性善說」的看法〉：《荀子再探》，頁7注。

48 錢鍾書：《管錐編》第三冊（北京：中華書局，1999年），頁925。

人學圓轉、萬俗皆走圓，這種君臣相處，與為人之道，當然不是楊倞
所能同意的。講究柔退／偽的修身，也必須有標準與規則可循，他刻
意強調誠，或許是要在「圓」的俗世中，活出另種姿態。荀子：「君
子養心莫善于誠，致誠則無它事矣……」，楊倞注：「無奸詐則心常安
也。」「致，極也。極其誠則外物不能害。」「謂天地誠則能化萬物，
聖人誠則能化萬民，父子誠則親，君上誠則尊也。」[49]無奸詐、極其
誠云云，有了這樣的狀態，才可能以柔退行之，而不淪於鄙吝貪戀，
才可以與時遷徙，而非曲學阿世，自以為是。也真的能做到荀子所
說：「以仁心說，以學心聽，以公心辨」，有意思的是，楊倞注解，前
兩者強調「……務于開導，不騁辭辨」、「……悚敬而聽它人說，不爭
辨也」，[50]不騁、不爭等等，當然不是真的不要，而是不要之中，就有
了要，不過形式不同，不以口舌罷了。這種以退為進的觀念，還是柔
退的。

　　況且真能以誠來運作柔退的修身，往往也是最能理解命，「有志
之士，遇與不遇皆歸之于命，故不怨天」[51]，楊倞稱為順命：「人所以
順命如此者，由慎其獨所致也。」、「慎其獨，謂戒慎乎其所不睹，恐
懼乎其所不聞。至誠不欺，故人亦不違之也。」[52]戒慎、恐懼，來自
《中庸》的詞語，又被楊倞轉化成類似柔退的概念了，與荀子所說，
頗有差異。荀子論命，其實與「明于天人之分」有關，在突顯理性
化，以及解讀神秘主義的背景中，人面對宇宙天地自然，要能」
參」，這是積極、主動的姿態，順乎自然而善用萬物。[53]楊倞的說法，
遇與不遇，都不怨天之累，反而使得順命過度平靜與窄化。

49　荀況著，楊倞注：《荀子》，頁25。（楊倞注）
50　荀況著，楊倞注：《荀子》，頁278。（楊倞注）
51　荀況著，楊倞注：《荀子》，頁32。（楊倞注）
52　荀況著，楊倞注：《荀子》，頁25。（楊倞注）
53　林宏星（東方朔）：〈解除神秘主義──荀子明於「天人之分」的觀念〉，《合理性之
　　尋求：荀子思想研究論集》。

　　明白楊倞注荀的中心義理之後，我們還要再追問，是怎樣的社會因素、歷史背景，讓他從荀子中，豁顯了這樣個觀念？他注解荀子，在荀子的思想世界中，「蘊謂」了柔退，又在「當謂」、「必謂」的層面，回應了怎樣的時代問題？[54]我們得從楊倞生平談起，如上節所言，楊倞生平，史料過少，即便如此，在現有資訊中，考索追探，已有一些堅固可靠的研究。值得注意的是，沈亞之〈送韓北渚赴江西序〉，提及楊倞，說他「……其友追詩以為別，乃相與訊其將處者而誰與，曰『有引農生倞耳』。夫引農慎行其道，不欺者也，北渚之往，吾無虞其類之患。勉矣惟爾，不衰于道而已。」[55]慎行其道、不欺云云，如果我們相信某種程度上的人如其文的話，則頗可與上述楊倞的柔退說法，互相參證。

　　此外，就交遊來看，楊倞與韓愈關係不淺，荀子注中的「韓侍郎」便是指韓愈，[56]韓愈官場地位比楊倞高，又是文壇名人，至於年

54　此處「蘊謂」、「當謂」、「必謂」等等，採取傅偉勳的用法。可見傅偉勳：《從創造的詮釋學到大乘佛學》，臺北：三民書局，1995年。

55　沈亞之：《送韓北渚赴江西序》，董誥等編：《全唐文》第八冊（北京：中華書局，1983年），頁7596。

56　根據霍生玉的研究，楊倞共引用韓愈口授或是著作，八次。引用前人者資料如下：

《詩》80次	《韓詩外傳》14次	《尚書》41次
《易》6次	《禮記》90次	《周禮》34次
《儀禮》26次	《大戴禮》1次	《考工記》8次
《周官・職方氏》2次	《春秋傳》15次	《春秋・穀梁傳》4次
《左氏傳》16次	《春秋・公羊傳》11次	《國語》15次
《韓子》11次	《戰國策》8次	《世本》3次
《中庸》2次	《老子》1次	《論語》7次
《孟子》10次	《莊子》43次	《墨子》2次
《列子》6次	《晏子春秋》5次	《呂氏春秋》9次
《管子》2次	《曾子》3次	《孝經》1次
《慎子》6次	《文子》4次	《尸子》9次

紀韓楊誰為大，還需更多文獻佐證，不管如何，韓愈對楊倞，或多或少，應該是有些影響的。[57]

眾所皆知，韓愈對荀子的評論中，「大醇而小疵」常被引用，至於韓愈是否真的否定荀子，得看以怎樣的角度。韓愈說揚雄與荀子都是大醇小疵是相對於孟子「醇者」。韓愈尊孟，我們當然可以說是韓愈版的揚孟抑荀，反過來說，就因為韓愈崇孟，他認為「猶在軻雄之間」的荀子，也應該到達這個境界，優入聖域，所以他才主張要修改，就像孔子刪詩書、筆削春秋：「欲削荀氏之不合者，附于聖人之籍，亦孔子之志與。」[58]其他的儒書儒者，是沒有這種待遇與潛質的，所以他在〈送孟東野序〉才說：「臧孫辰、孟軻、荀卿，以道鳴者也。」[59]〈進學解〉：「昔者孟軻好辯，孔道以明，轍環天下，卒老于行。荀卿守正，大論是弘，逃讒于楚，廢死蘭陵。是二儒者，吐辭

《隨巢子》1次	《堅白論》1次	《白馬論》1次
《列仙傳》1次	《本草》3次	《楚詞》5次
《三蒼》1次	《史記》39次	《方言》16次
《爾雅》17次	《說苑》20次	《新序》10次
《子虛賦》1次	《列女傳》2次	《漢書》29次
《說文》21次	《釋名》1次	《論衡》1次
《白虎通》1次	《西京賦》2次	《孔子家語》13次
《魏都賦》1次	曹植《七啟》1次	張景陽《七發》1次
子思1次	賈誼1次	司馬遷1次
鄭康成8次	王肅8次	如淳1次
杜元凱5次	徐廣5次	顏師古4次
司馬貞2次	韓侍郎8次	

霍生玉：《古詞今語：《荀子》與楊倞注詞彙比較研究》，頁352-353。

57 胡耀飛：〈楊倞及其行實綜考——兼論〈荀子注〉的時代背景〉，《晚期中古史存稿》，頁27-28。

58 韓愈著，馬其昶校注，馬茂元整理：《韓昌黎文集校注》（上海：上海古籍出版社，2018年），頁72。

59 韓愈著，馬其昶校注，馬茂元整理：《韓昌黎文集校注》，頁63。

為經，舉足為法，絕類離倫，優入聖域，其遇于世何如也？」[60]不論是以道鳴，還是舉足為法等等，孟荀都是大儒，傳孔子之道的。

就因為讚賞中有批評，韓愈的態度，可能影響了楊倞。楊倞注荀，引用「韓侍郎」數次，未見反對，多是贊同，甚至全錄韓愈〈原性〉。[61]值得注意的是，楊倞的引用，許多文句在今存韓愈著作中，皆未得見，或許來自於二人會面時，口述言談，亦未可知。而楊倞說《荀子》，足以羽翼《六經》，增光孔氏，立言指事，根極理要。敷陳往古，掎挈當世。撥亂興理，易於反掌。又說荀子是真名世之士，王者之師。[62]這些話，如果對照韓愈說要刪改《荀子》的言論，似乎是對立的。可是如果細究下去，恐怕實情相反。首先，楊倞引用《孟子》次數，並不太多，也都沒有批評，反而是常襲用孟子的意思，自己發揮，自設二分法，來解釋荀子，例如情、例如誠。他注解情，說：[63]

> 言情非吾天性所有，然可以外物誘而為之。或曰：「情」，亦當為「積」。積習與天然有殊，故曰「非吾所有」，雖非所有，然而可為之也。

還說：[64]

> 情，謂喜怒愛惡，外物所感者也。言師法之于人，得于外情，非天性所受，故性不足獨立而治，必在因外情而化之。或曰：

---

60 韓愈著，馬其昶校注，馬茂元整理：《韓昌黎文集校注》，頁53。
61 不過楊倞寫成了〈性原〉，當然〈性原〉〈原性〉兩種說法，並行不悖，沒有對錯的問題。荀況著，楊倞注：《荀子》，頁294-295。（楊倞注）
62 荀況著，楊倞注：《荀子》，頁383。（楊倞〈荀子序〉）
63 荀況著，楊倞注：《荀子》，頁84。（楊倞注）
64 荀況著，楊倞注：《荀子》，頁83。（楊倞注）

「情」，當為「積」。所得乎積習，非受于天性，既非天性，則
不可獨立而治，必在化之也。

荀子論情，當然不是只有外物所感，欲發之後的狀態，而情非天性，
荀子更不會這樣認定。其實〈正名篇〉已經說得很清楚了，情是性之
質，是天之所就，是人有所受於天，欲則是情之應，是主客體的一種
感應，欲感物而動，未免流於性惡篇所說的「順是」，就需要禮義的
「偽」。這個講法，可以說是孔孟論情的更深化細緻版，更可擴充到
美學的層面。[65]楊倞對此不能有相應的理解。那是因為他過度把天性
內外，視為孟荀之分。當然，他並沒有比較高低的意思。甚至可以
說，楊倞其實還頗為支持性善——孟子講性善，適足以天性，什麼是
天性呢？「不離質樸資材，自得美利，不假飾而善，此則為天性。」
[66]換句話說，耳聽目見，是正常的生理現象，質樸資材，但不假飾而
善，就可以耳聽而聰，目健而明，這就是天性：「使質樸資材自善，
如聞見之聰明而不離于耳目，此乃天性也」。[67]性惡則非如此，是矯治
的，是刻意的，是人為的，因為人之性，是出生後就會漸漸會喪樸失
材，所以是性惡，所以需要禮義教化。[68]聖人或許可以天性自有禮

---

65 陳昭瑛：〈「情」概念從孔孟到荀子的轉化〉，收於氏著：《儒家美學與經典詮釋》，
　　臺北：臺灣大學出版中心，2005年。

66 荀況著，楊倞注：《荀子》，頁287。（楊倞注）

67 荀況著，楊倞注：《荀子》，頁287。（楊倞注）

68 楊倞的注解，自可為一說，也具有權威性。但是，就目前的研究看來，荀子性惡的
　　內涵理論，到底有沒有性善的空間？仍是一個大問題，荀子研究者們，看法仍多有
　　不同。例如劉又銘的「弱性善說」，路德斌的「性惡不等於本惡」，「性樸」與「性
　　惡」也不矛盾，希望因此超越善惡的二分法。若依何淑靜之說，荀子言「心」，有
　　「心是性」、「心不是性」二義。「大清明之心」不可以以「性」視之，因此成善能
　　力就不會來自於性，所以荀子對性善，可以理解，但不能贊同。因為承認「性」與
　　「成善能力」有內在關聯，則孟荀皆同；可是荀子論性，則沒有成善能力，必落在
　　心上講，心不是生而能知禮義，即能成就治性工夫，用荀子自己的話來說，「性

義，但眾人不能。[69]那麼，性惡是對的嗎？楊倞認為是對的，卻不代表性善就是錯的，性惡畢竟是荀子對時代感悟太多，有不平之鳴，有切膚之痛，有感同身受，所以楊倞說：「……荀卿明于治道，知其可化，無勢位以臨之，故激憤而著此論……。」[70]孟子無此激憤，又或者說是不同於荀子的體會，因此提出性善，針對各自的社會問題：「謂荀、孟有功于時政，尤所耽慕」。[71]所以，我們必須省思後世孟荀對立的觀念，不能以今替古，因為楊倞注荀，不代表他就是絕對尊荀的，更不代表他反孟，孟荀高低，並非他所關心，所以他才說：「故孟軻闡其前，荀卿振其後」「蓋周公制作之，仲尼祖述之，荀、孟贊成之。所以膠固王道，至深至備。」[72]

　　正因如此，當韓愈要「孔子刪詩書，筆削春秋，合于道者著之，離于道者黜去之，故詩書春秋無疵，余欲削荀氏之不合者，附于聖人之籍，亦孔子之志歟！」與其說楊倞有意無意反對韓愈，還不如說他自覺或不自覺地呼應：「獨《荀子》未有批註，亦復編簡爛脫，傳寫謬誤。雖好事者時亦覽之，至于文義不通，屢掩卷焉。」他要把這個

善」是不能成立的，「蘊謂層」、「當謂層」，也不會有性善，所以性善到底存不存在荀子之中，仍是個問題。何淑靜：〈論荀子對「性善說」的看法〉，《荀子再探》，頁1-27。劉又銘：《一個當代的、大眾的儒學——當代新荀學論綱》，頁2-3。路德斌：《荀子與儒家哲學》（濟南：齊魯書社，2010年），頁104-108。

關於荀子性惡的問題，論者極多，正如何淑靜所言，性惡說的目的，在於化性使人成善，前者只是立論的基礎與出發點，真正的重點在於後者，用林宏星的話來說，就是「一種必要的理論構想」。林宏星（東方朔）：《合理性之尋求：荀子思想研究論集》，頁135。這樣的必要理論，再深入探究，甚至可以如曾暐傑所說：「性惡即本惡」。關於荀子研究中性惡與性善的詳細討論、相關研究，以及表彰「本惡」的意義，可見曾暐傑：《性惡論的誕生：荀子「經濟人」視域下的孟學批判與儒學回歸》，第三章。

69 荀況著，楊倞注：《荀子》，頁291。（楊倞注）

70 荀況著，楊倞注：《荀子》，頁286。（楊倞注）

71 荀況著，楊倞注：《荀子》，頁383。（楊倞〈荀子序〉）

72 荀況著，楊倞注：《荀子》，頁383。（楊倞〈荀子序〉）

千載未光的荀子，將編簡爛脫，傳寫謬誤，或刪或削，或改或編：「申抒鄙意，敷尋義理。其所徵據，則博求諸書。但以古今字殊，齊楚言異，事資參考，不得不廣。或取偏傍相近，聲類相通，或字少增加，文重刊削，或求之古字，或征諸方言」，[73]千載未光，重見大道，脫略塵俗，返孔門，進聖域。因此，韓愈尊孟，未必反荀；楊倞崇荀，未必抑孟。就某種程度上來說，楊倞的工作，可以說是韓愈所言的實踐。[74]

除了可能受到韓愈的影響之外，楊倞注荀，是否還有政治社會等因素？根據胡耀飛的研究，楊倞的政治生涯，大概是：[75]

時　　間	居　官	品　級	任職地
元和十三年(818)	大理評事	從八品下	長安
長慶三年(823)正月	大理司直	從六品上	長安
長慶三年十一月	江西道觀察使府「從事」	未知	江西道洪州
開成年間(836—840)⑥	主客郎中	從五品上	長安
會昌四年至大中三年(844—849)⑦	汾州刺史	從三品	河東道汾州

---

73 荀況著，楊倞注：《荀子》，頁383。（楊倞〈荀子序〉）

74 要注意的是，韓愈初作〈原道〉之說，「堯以是傳之舜，舜以是傳之禹，禹以是傳之湯，湯以是傳之文武周公，文武周公傳之孔子，孔子傳之孟軻。軻之死，不得其傳焉。」並未列入荀子，此又何故？是否矛盾？其實未必，韓愈早已言之：「荀與揚也，擇焉而不精，語焉而不詳。」這與他在〈讀荀子〉「余欲削荀氏之不合者」云云，是一致的。楊倞曾全文徵引韓愈〈性原〉（〈原性〉），幾乎一字不差。據考證，韓愈「五原」（原道、原性、原人、原毀、原鬼），篇目相同，脈絡相通，應成於同時。「五原」等，應成於壯年，約三十六歲時，貞元九年左右，確實遠早於楊倞〈荀子序〉的元和十三年。而韓愈〈原道〉、〈讀荀子〉的傾向，以及對《荀子》的期許，如本文所說，也可以是楊倞進一步的完成。關於五原作於何時，可參方介：〈韓愈五原作於何時？——兼論韓愈道統說之發展時程〉，《臺大中文學報》第33期（2010年12月）。

75 胡耀飛：〈楊倞及其行實綜考——兼論〈荀子注〉的時代背景〉，《晚期中古史存稿》，頁24。

楊倞〈荀子序〉末尾處，著明時序：「時歲在戊戌大唐睿聖文武皇帝元和十三年十二月也。」話雖如此，我們最多只能說〈荀子序〉完成於此時，可是楊倞注荀的工作，是否停止，不再修改刪添，就此定本，文獻太少，實在難說。因此，環境影響文本，我們固然可以將荀子注的「歷史知識與社會變遷」，[76]只放到元和十三年以前。卻也不妨放寬時限，從楊倞的生涯來看，社會環境與他所提出的觀點，到底有何類通？而安史亂後，藩鎮漸起，是中晚唐一大問題。當然，藩鎮有諸多類型，藩鎮也不等於割據，學界對此已有許多成果與共識。[77]現有的研究已經表明，不論是藩鎮對於中央政府，又或是藩鎮本身，「驕兵化」的程度，日漸普遍加重，節帥常常通過更豐厚的賞賜，才能換取將士的支持，以防地位不保，或是對抗朝廷。可是開銷愈多，需要愈大，獎勵愈高，索求愈廣，導致邊際效應遞減，欲望高漲。一旦供給不順，難已填盡，藩鎮對於朝廷，將士對於藩鎮，不滿就愈加深，更容易受到煽動，於是中晚唐藩鎮，就常常在這種「政治性反叛」與「經濟性騷亂」中，前者如河朔藩鎮，後者如徐州銀刀兵等等，漸漸走向「中世紀的終結」。[78]

楊倞對於藩鎮的涉入了解，因為史料不足，難以確知，以他的交遊範圍來說，韓愈、馬紓、張知實等等，這些人與藩鎮有著或深或淺的關係；再從他歷任的官宦時間與地點來講，〈荀子序〉寫作期間，是短暫的元和中興；其後，唐穆宗長慶年間，三鎮又開始反叛；開成時期，河東節度使王宰任鹽州刺史之時，又導致党項叛亂……。因

---

76 此處借用胡昌智書名：《歷史知識與社會變遷》，臺北：聯經出版事業公司，1988年。更多個概念則是取用於黃俊傑，亦即文本與社會環境的互動關係。黃俊傑：《歷史思維、歷史知識與社會變遷》（臺北：時報文化出版公司，2006年），第一部分第四章。

77 張國剛：《唐代藩鎮研究》，北京：中國人民大學出版社，2010年。

78 此處借用宇文所安（Stephen Owen）的書名：《中國（中世紀）的終結——中唐文學文化論集》，臺北：聯經出版事業公司，2007年。

此，楊倞對於當時藩鎮的情況，應會有自己的感受，把對社會時代的體會，投入到荀子注中，不論是之後陸續修改，還是元和十三年以前，都是可能的。

更何況，從安史之亂後，整個帝國面對湧現的藩鎮，不完全是盲目失當的舉動，而應該理解為，或許是唐代政府政策上的自我調整，正如李碧妍所說：「假若我們將安史之亂看作唐帝國所遭遇的一次前所未有危機的話，那麼，我並不認為由此引發的藩鎮湧現的局面，僅僅是帝國君主盲目草創的一種產物，更不是為了在亂後尋得暫時苟安，措置失當割裂王土的結果。相反，我更願意將它視為一種帝國為化解安史危機，甚至還包括帝國前期痼疾而採取的相當理性的舉措。另外，我也並不認為藩鎮的存在就是必然會削弱帝國的政治權威與統治力並將其逐漸推向滅亡深淵的根源。因為在與藩鎮的博弈之中，我們可以看到帝國是如何通過不斷地學習與調整，重新樹立起它對藩鎮的權威與控制力的；並且，又是如何在此基礎上發展出了一種利用藩鎮體制來為自身帶來切實利益的更為現實與靈活的治理念的。」[79]在大環境之下，楊倞所思所慮，很難是憑空抽象，而是他在企圖回到古典之時，同時也面對了當下的問題，他發揮荀子修身的理念，「……言修身之術在攻其所短也。」[80]也有可能是因為藩鎮過於自負，欲求不滿，所以需要柔退，下對上的尊重，需要化性起偽，對治欲望，而元和中興的最大敵人，就是藩鎮坐大，驕兵悍將，不知進退。[81]當然，我們沒有絕對的根據可以證明楊倞一定是針對藩鎮而發，只是放到當時情況來觀察，再細讀其注本，確實頗有呼應處，或許也是楊倞在理解

---

79 李碧妍：《危機與重構：唐帝國及其地方諸侯》（北京：北京師範大學出版社，2015年），頁1-2。

80 荀況著，楊倞注：《荀子》，頁12。（楊倞注）

81 當然，元和中興是不是成功，哪種程度上來看，才算中興？尚有許多討論的空間。可見李樹桐：〈元和中興之研究〉，《唐史索隱》，臺北：臺灣商務印書館，1988年。

時代問題，畢竟從各種旁證中，多方推斷，判測察考，是頗為呼應的。[82]

文末，可以再提出的地方，聊備一說。楊倞最後的官職，是會昌年間。這也是李德裕大展政治手腕的時刻，他對待藩鎮的態度，以退為進，以柔克剛，例如河朔諸鎮有自立者，必先懷柔，派出弔祭使、冊贈使、宣慰史等等，杜牧批評這些政策是姑息，但其實李德裕是務實的，他對待河朔的態度就與澤潞不同，前者即便放棄實際控制權，卻堅持必須維持名義上的「朝典」或「事體」，就是由朝廷主動授予河朔內部推舉的藩帥名義；澤潞則否，用兵雖然是最後手段，卻主張迅速出擊[83]。又例如他對張仲武的態度以及手段，折衝尊俎，讓張仲武不敢有非分之心，共同與朝廷對抗回鶻。[84]這種中央與藩鎮，君臣關係的危機處理，觀察時勢，俟機而動，退不是退，其實是進，柔不是軟弱，更是一種思慮周旋過的剛健，傳統說法認為李德裕對待藩鎮態度比較強硬，[85]其中的重要原因之一，或許在此，楊倞注荀：「夫禮法所興，以救當世之急，故隨時設教，不必拘于舊聞，而時人以為君必用堯、舜之道，臣必行禹、稷之術，然後可，斯惑也」、「故荀卿深

---

82 楊倞的柔退說，頗有幾分黃老之學的印記。楊倞與黃老學說的關係，值得注意，目前學界仍未見相關研究，因非本文主題，不能詳述。約可注意幾方面：唐中葉以後，似乎有愈來愈重視黃老的傾向，除了政治因素之外，可能也與當時重視道教的風潮有關，大概與楊倞同時人，如崔玄亮「晚好黃老清靜術」(《新唐書》)、顏果卿外甥沈盈「有行義，明黃老學」(《新唐書》)、白居易也有〈策林・黃老術〉之作，可見風氣；另外，楊倞在荀子注中，引用到黃老的次數不太多，多次提及慎到。但這是顯性的，隱性中與黃老相關的，還需要更細緻的探析。可是有聞闕疑，在此亦不妨提出，有待日後進行更多討論。關於黃老治術的特徵，可見張增田：《黃老治道及其實踐》(廣州：中山大學出版社，2005年)。王曉波：《道與法：法家思想和黃老哲學解析》(臺北：臺灣大學出版中心，2007年)。

83 關於李德裕在會昌時期的成功，可見李碧妍：《危機與重構：唐帝國及其地方諸侯》，第三章第四節。

84 仇鹿鳴：《長安與河北之間：中晚唐的政治與文化》，頁344-345。

85 傅璇琮、周建國：〈中晚唐政治文化的一個縮影──寫在《李德裕文集校箋》出版前〉，《河北學刊》1998年第2期。

陳以後王為法，審其所貴君子焉。」[86]或許，就楊倞自己看來，這樣的做法，是頗切合他凸顯的柔退理論。

三　結論

　　賴錫三曾言，在理想層面上，一個士、君子應該將自身的存在意義，透過公共化、公開化的實踐，把內在道德的情懷落實到公共的氛圍與境地，以促進道德理想的實現，這種以自身意義公共化的理想性格，修身為己，經世濟民，一向是許多儒者堅持的原則。他也指出，以上屬於儒家型知識份子，道家型知識份子則否，他認為道家絕非枯槁山林的逃亡者，老莊面對政治、權力等等，經常帶有「距離感」，反而能給出深刻的反思、洞察，找出政治暴力、意識型態的內核病症，給予更有力的批判，批判又非瓦解與摒棄，而是更新活化和拯救契機。[87]回到本文，若以柔退說來看，楊倞勾勒出的儒家型知識份子，對於這種進與不進，君臣關係的處理，內化於生命的柔退，柔從若蒲葦，與時遷徙，與世偃仰，緩急贏絀，更有周旋的空間，然後不折傷、然後不失義，又發自誠，化性起偽。此種儒家型知識份子，[88]雖說是理想層面的勾勒，也值得我們多加留意。

　　本文分成三部分，第一節，主要說明當代荀學研究的進路與推動，對目前中文學界的荀學研究，其方法論傾向，做出勾勒，以及評價；第二節，則進入楊倞注荀的歷史與思想世界，對目前較少探討的義理層面，提出解釋疏義，認為楊倞注荀，並非只是理解荀子而已，他更要藉此回應時代問題，「柔退」說，正是他的重要觀點之一；第

86　荀況著，楊倞注：《荀子》，頁45。（楊倞注）

87　賴錫三：《道家型知識份子論——《莊子》的權力批判與文化更新》（臺北：臺灣大學出版中心，2013年），自序，頁2-3。

88　當然，所謂儒家型道家型等等，包括黃老等先秦時期分衍出的這些傾向，隨著時代洪流，運轉不息，自然有融入共生的可能。

三節，提綱挈領，則是對本篇論文提出一些歸納性的總結。因此，我們先討論了荀學的回顧與展望，中國荀學史的建構，雖然指日可待，但在彰顯荀格性格、挖掘潛藏荀學理路之餘，我們也不能忽略了《荀子》原有注本的研究。我們以楊倞注荀為例，說明楊倞荀子學的特點，也指出，荀學切合時代的發揮，對荀學研究來說，就不只是義理的問題而已，更可能與歷史、時代背景結合。而文本也可以關聯到注者的更多方面，生平、交遊、才性、仕宦、生命感受等等。

楊倞，就他看來，柔退就是海闊天空，左右逢其源，從容不勞，欲張故歙，更能前進，達到目標，這也是禮的表現。他把化性起偽的偽，釋成「矯」，就是要發展性惡，埏埴成柔退之人。因此柔退不能只是柔退，不是單向度的，必須盈缺相生，正反相合，揚棄相存，是雙向互動的關係。這種觀點，與當時藩鎮的問題，彼此對照，也是一種處理時代問題的方式，藩鎮對於朝廷，藩鎮內部的爭亂等等，柔退說，或許可以對治，也可能成了一種想像中的理想規劃。

最後，本文要指出，楊倞注解，當然有曲解的成分，重點不全在於詮釋者說對了還是說錯了，而是他到底想做什麼？——他藉由凸顯荀子的某些面向，[89] 後出轉精，回應時代問題，他選擇並使用了荀子思想，襲用術語，來解釋世界，並希望改變世界。

---

89 本文在論述時，強調臣多，講解君少，重在臣對君的態度，也不完全是寫作策略的問題。其實荀子也有此種傾向，楊倞著重發揮，也可以說是他對《荀子》文本的敏銳。荀子的君臣觀，田富美所論甚善，徵引如下：「從荀子所論政治形構過程來看，君主基於職能上的意義，成為政治制度的核心；因此，在君臣關係上，相較於孟子所論帶有權宜性質的互動關係，荀子則將臣子對待國君比喻為子弟侍奉父兄，君主的優位屬性自然被彰顯出來，於是，君臣權力關係的軸線，由德性的相互模式，逐漸向支配、順服的結構性角色功能挪動。由此來看荀子所賦予人臣的職分——『忠順而不懈』，他將『忠順』之義轉化為忠於國家的政治行動，指出透過有利於國家的行事，便是忠於君的呈顯；因此，荀子認為君臣的相處模式便不再是師友的關係，應是臣子擔任勸戒君主的下屬職責，如此，對於君臣間的信任關係、國家社會的穩定度必然會相對提升。」田富美：〈忠順而不懈——荀子人臣之道的轉化〉，《哲學與文化》第46卷第5期（總540期）（2019年5月），頁113。

「心地開明，道在現前」

──羅近溪的良知、生活與經世之學

一 前言

　　羅汝芳，字惟德，號近溪，江西南城人，《明儒學案》列為《泰州學案》。

　　許多研究，一說起泰州學派，多以「赤手搏龍蛇」、擺脫名教之類的印象概括，如此一來，與王艮、羅近溪這個脈絡，總覺牴觸，格格不入，難以突出特色。有鑑於此，學者們希望能為矛盾解套，於是關於泰州學派的定義認知、思想傳承以及分歧，學界頗有討論。[1]

　　一般來說，《泰州學案》開頭所言：「泰州之後，其人多能以赤手搏龍蛇，傳至顏山農、何心隱一派，遂復非名教之所能羈絡矣。」[2]「搏龍蛇」、「復非名教所能羈絡」等等，黃宗羲並非全指，更不能代表黃宗羲對泰州學派的整體評價，很有可能只是針對某些異議分子所言。

　　但是，反過來說，當我們把「搏龍蛇」、「復非名教所能羈絡」的說法，看成顏山農、何心隱、李卓吾等人的特徵時，[3]往往也壓縮平

---

1 關於泰州學派的重新釐定，吳震有詳細的論述。可見吳震：《泰州學派研究》（北京：中國人民大學出版社，2009年），〈緒論：泰州學派的重新釐定〉。

2 黃宗羲：《明儒學案》（北京：中華書局，2008年），頁703。

3 黃宗羲其實並未提到李贄，對顏鈞、何心隱，也只有在《泰州學案》敘論中提及，未專門立傳，資料文獻更無列載。我們當然可以說這是黃宗羲的偏見，如門戶、黨人之習的緣故等等。

　　但除了價值判斷之外，更重要是「知其所以然」，所有的是非對錯批判讚賞，都能

面化了解釋的效力。到底黃宗羲這句話，是否只能以倡狂、叛逆、方式的方式來說明？而「有泰州、龍溪而風行天下，亦因泰州、龍溪而漸失其傳」，此等判斷是否真的是因為顏山農、何心隱之流，所造成的？

　　帶著類似的反省，我們走入羅近溪的思想世界。學界對羅近溪的研究，成果不少，特別是唐君毅、牟宗三等當代新儒家，他們發掘塵封已久，從明末以來，幾乎已被學術界遺忘的羅近溪思想。其中牟宗三影響更大，他在《王陽明致良知教》、《從陸象山到劉蕺山》、《心體與性體》等書，重新梳理，要言不煩，分析近溪學的風格，三書分別成於牟宗三不同生命階段，他對羅近溪的評價，基本上是漸次下降。[4]其中最受學者討論的，是他認為當光景黏附良知說，良知本身亦最足以使吾人於良知本身，起一種光景，在日用間流行，只是若無真切工夫支持，則流行只是一種光景，不能真切。懸空說去，甚至良知也成了光景，所以要拆穿光景，才有真實工夫可說。正如他在《從陸象山到劉蕺山》所言，以此工夫拆穿光景，而言平常，灑脫與樂者，就是羅近溪：「一洗理學膚淺套括之氣，當下便有受用」，「更為清新俊逸通透圓熟」。[5]

　　此說以後，「拆光景」的思想特徵，總是引起學者關注。[6]其實，

在「同情的理解」中，持之有故，言之成理，才是學術研究的可貴。關於李贄等學說末流，在當時造成的風氣，狂禪盛行，空說光景，而李贄非佛非如非道，無可無不可，其思想與宗派傾向，可能都是黃宗羲不列入的原因。當然，狂禪自非李贄所創，可是李贄的生命情調與言行，確實為狂禪之風，起了推波助瀾的重要作用。關於晚明狂禪現象的分析，可參毛文芳：〈晚明「狂禪」探論〉，《漢學研究》第19卷第2期（2001年2月），頁171-200。

4　關於牟宗三對羅近溪評價的改變下調，可見李瑞全：〈唐君毅、牟宗三二先生論羅近溪之學〉，《宜賓學院學報》2014年第10期。

5　牟宗三：《從陸象山到劉蕺山》（臺北：臺灣學生書局，1993年），第三章：〈王學之分化與發展〉。

6　謝居憲：〈牟宗三先生對羅近溪哲學的詮釋〉，《當代儒學研究》第8期（2010年6

牟宗三所說「拆光景」，亦即「破除光景」、「當下呈現」，正是羅近溪思想的突出之處，掃除執障、格套、阻礙、不空懸描繪，而是將陽明學心體與性體，在人倫日用之間，當即受用，發揚光大，也正是羅近溪完成陽明良知學的重要貢獻。[7]

於是，許多學者或依循此種思路，繼續深言拓寬，或是不同意牟宗三的看法與評價，不想「接著講」，而是「反過來說」，指出羅近溪注重戒慎恐懼、克己復禮，如此才能走向中庸平常的境界。[8]

當然，除上述之外，學界對於羅近溪的研究，也發掘出許多精彩的觀點：大人之學、孝悌、仁、一陽之氣、情、身心、天心、天人觀等等，由於本文並非專門文獻回顧的論文，不做一一陳列。只是在眾多學術成果的累積之下，我們意在指出：羅近溪的破除光景與戒慎恐懼等說法，看似矛盾，看似對立，其實是相輔相成，抓住這點，也能連接到羅近溪的生活世界與經世思想。他講大人之學、孝悌說、仁學等等，也才有了著落，由此來維護名教，又突破了名教，因此對「赤手搏龍蛇」、「復非名教之所能羈絡」，如果我們借用黃宗羲的話語，顧名不思義，在不先抱有黃宗羲說錯了、是偏見、黨人之習未除，諸如此類的主觀理解之下，這種看似反義、負面的評論，反而有了不同層次的理解。

月），頁211-244。但是，荒木見悟的判斷，認為羅近溪是倒退，與牟宗三剛好相反。荒木見悟：〈羅近溪の思想〉，《明代思想研究》，東京：創文社，1972年。

7 牟宗三顯然不同意唐君毅的解釋，唐君毅以一體、生化的角度來分析羅近溪，不為牟宗三所認可。兩人差異，可見李瑞全：〈唐君毅、牟宗三二先生論羅近溪之學〉，《宜賓學院學報》，2014年第10期。

8 前者如古清美、黃淑齡；後者，如龔鵬程。相關討論，可見龔鵬程：〈羅近溪與晚明王學的發展〉，《晚明思潮》，北京：商務印書館，2008年。吳孟謙：〈晚明心學成聖論述的變化——以羅近溪、管東溟為主要線索〉，《臺大中文學報》第44期，頁5-9。

二 良知：從吃苦熬煉到不學不慮

關於羅近溪學思歷程，學者研究極多，且多引羅近溪的孫子，羅懷智的話，以為己證：「蓋公十有五而定志于洵水，二十有六而證學于山農，三十有四而悟《易》于胡生，四十有六而受道于泰山丈人，七十而問心于武夷先生。」[9]「洵水」即是張洵水；除此之外，顏山農，顏鈞，也是影響羅汝芳最深的師友，楊儒賓就以「智慧老人」為喻，說顏、羅相遇，實乃千古一會，當羅近溪二十多歲，患上「心火」，遇上這位號稱專治此病的異人，眼界大開，在修身的道路上，深入性命之學，之後循序漸進，親行自證，黽勉不已。後來又從學胡宗正、與泰山丈人相遇、問心武夷先生，有多次悟道體驗，「如就問心于武夷先生所得的知識而論，羅近溪的思想已非王學甚或儒學所能拘囿，他的經歷提供了一則難得的橫跨正統與異端的儒門案例。」[10]

但是，羅近溪的生命氣質，顯然早有接受「橫跨正統與異端」的傾向，不必非要到七十才有覺悟，才能「不惜以今日之我攻昨日之我。」

這樣的生命氣質，其實與他的「不屑湊泊」之類的思考路數，息息相關。他在與學生的對話中，就說吾輩為學，目的在於學聖成聖，所以要體知。可是，什麼是聖？什麼又是知呢？一般人，只知道努力去當聖人，學作聖人，卻不知道聖人成為聖人的道理，知其然，不能

---

9 羅懷智：《羅明德宮本傳》，方祖猷、梁一群等，編校整理：《羅汝芳集》（南京：鳳凰出版社，2007年），頁832。「十有五而定志于洵水，二十有六而正學于山農」之間的歷程，羅近溪自己，也有詳述，可見羅汝芳著，方祖猷、梁一群等，編校整理：《羅汝芳集・近溪子續集》，頁231-232。為免文繁，下引同書，不再列出編校者。

10 楊儒賓：〈王學學者的「異人」經驗與智慧老人原型〉，《清華中文學報》第1期（2007年9月），頁188。這個「武夷先生」，到底是誰，何門何派，有何著作，學問功底如何，實難查考，楊儒賓從袁小修《游居柿錄》的記載中，推測可能是蕭勝祖，對錯是非，不能斷定，或可聊備一說。

知其所以然。所以他們的「知」，或流於表面，或失之膚淺，只能聞見之知，不到本然之知。畢竟天下事務無窮無盡，若徒聞見，「盡知其所不知，方謂汝心有知」，這樣一來，求知心切，卻是包山包海，以有涯逐無涯，不知伊于胡底。這樣的知，當然是有問題的：「如此為知，則知從外得，而非本心之靈。」[11]

所以最重要的，是要有自知之明，本心若能靈，則對於此事此理，知或不知，都無妨，重點是你能不能、有沒有這個勇氣，敢於面對自己的無知或已知？羅近溪稱讚這個層次：「知者知之，不知者亦知之，則汝心之知何等光顯，何等透澈，何等簡易直截，又何必盡知其所不知者，而後為知也哉？況如此求知，則其知方可通乎晝夜，而無不知之時，方可等乎賢愚，而無不知之人，真是擴四海、貫古今，而合天人物我于一點虛靈不昧中矣。聖人可學而且易學也，固如是哉！」[12]千言萬語，當然可以講得很複雜，長話短說，卻可以用簡單幾句話來概括。正如孔子「一言興邦喪邦」的概念，重點不是一言或萬語，而是能否抓住基本原則，然後圓熟應用，輻射而出。羅近溪不斷強調「光顯」、「透澈」、「簡易直截」、「聖人可學而且易學」，其因在此。

為學修身，做人應世，唯有把握這層關鍵，才能拆穿光景，不把簡易當成游談，不把直截當成隨便，才是正途。有人問他，今日談學，往往有宗旨，老師卻好像沒有，可是我們細思，好像似有而無，又好像似無而有，到底怎麼回事？羅近溪應機變答，圓轉如意，回問，什麼叫似無而有？什麼又叫似有而無？對方答曰，老師雖隨言對答，往往歸於赤子之心，這是似無而有；反之，又說到不慮不學，「不」，不必、不須、不要，似乎又是似有可無？

---

11 羅汝芳：《羅汝芳集·近溪子集》，頁17。
12 羅汝芳：《羅汝芳集·近溪子集》，頁18。

這種問答方式，看似禪機，實乃自知、求知的一種訓練。當學生發出疑惑，羅近溪不立即回答，而是透過反問、詰問，要學生明白自省：「我為何會問出這樣的問題」，不斷疑情，層層推進，我思故我在，最後達成自知的效果。

但是，就一般俗學看來，有與無，否定與肯定，是絕對二分的。諸如似有而無，似無而有，已讓人難以理解。既然又說到赤子之心，往往牽涉到概念的劃分、定義的釐清、解釋的效力、分類的嚴謹。如此一來，又豈能說這是不慮不學？

問者的疑惑，其實也說中了羅近溪思維的要點、為學宗旨，也是羅近溪常說的：「不待培養而自生」[13]。因為就他自己看來，這種分法，是聞見之知的分法。真正的實情是，彼此本身並不矛盾，也不衝突。

羅近溪對此，境況不同，指點也有異，對象既變，往往也能因材施教。他有幾個不同的說法，如說這是習，「天下之事，只在于習，習慣自然，雖欲倦寂不能也。」[14]又說這是過化存神，仁體熟到極處，就如孔子耳順、從欲。[15]有時又會說這樣子的心境，「無前後，無內外，步步著實，安閒自在。」[16]

但是，切莫以為「熟到極處」、「習慣自然」、「不待培養而自生」等簡易，是輕鬆的、容易的，剛好相反，若不能痛下苦功，深刻磨練，就會淪於空談、紙上光景。他在日記中就這樣反省：[17]

> 工夫渾融平實，須大決斷，方爾妥貼。嗜欲牽纏，不惟心體受累，身體亦自消損。細細看，有多少病根未除，又可見學問原未得力也。勉進！勉進！

13　羅汝芳：《羅汝芳集‧近溪子集》，頁93。
14　羅汝芳：《羅汝芳集‧近溪羅先生一貫編》，頁347。
15　羅汝芳：《羅汝芳集‧近溪羅先生一貫編》，頁357。
16　羅汝芳：《羅汝芳集‧癸酉日記》，頁729。
17　羅汝芳：《羅汝芳集‧癸酉日記》，頁730。

> 學問只在著力探求，不得容易放過。曉作夜臥，吃苦熬煉，自
> 然有路停妥，此時與尋常知解，卻是萬萬相遠……。

此為癸酉日記，應為一五七三年，明萬曆元年，羅近溪約五十九歲，
已過了「十有五而定志于洵水」、「二十有六而證學于山農」、「三十有
四而悟《易》于胡生」、「四十有六而受道于泰山丈人」的階段，仍有
此歎，可見為學實在不易，修悟之間，沒有小路捷徑，也沒有結束完
盡。而看似平常最奇崛，繁華落盡見真淳，「渾融平實」，說來簡單自
然，其實非常深刻、醇厚；說來一言道破，人人可講，其實千言萬
語，複雜難述。我們終其一生，嗜欲牽纏、心體受累、身體消損，不
斷與之對抗，曉作夜臥，吃苦熬煉，夙夜強學，或可有成，待機緣適
至，境界終可渾融、光顯、透澈，熟到極處。才可以在許多方面，應
機隨物，人倫日用之中，不學不慮、過化存神。

也因為這個緣故，羅近溪才要人戒定恐懼，小心謹慎，才是中庸
之道：

> 此即便是戒慎恐懼，而上君子之路矣。所以曰：「君子之中庸
> 也，君子而時中……。」[18]

> 師予諸孫曰：「予自四十年來，此道吃緊關心，夜分方合眼，
> 旋復惺惺，耳聽雞喔，未知何日得安枕席。」「予初學道時，
> 每清晝長夜，只揮淚自苦。此等境界，予固難與人言，人亦莫
> 之能知也。[19]

諸如此類的言論，主敬、臨事而敬、臨事而懼、心寒膽戰，恭敬奉持

---

18 羅汝芳：《羅汝芳集・近溪子集》，頁107。
19 羅汝芳：《羅汝芳集・明德夫子臨行贈言》，頁297。

等等，俯拾即是。[20]畢竟，就羅近溪看來，愈戒慎恐懼，愈能拆穿光景；愈用功刻苦，愈能不學不慮。這種看似相反，實則相成，似乎此消彼長，卻是邃密深沉的道理，正如路易斯·卡羅（Lewis Carroll）在《愛麗絲鏡中奇遇》（*Through the Looking-Glass, and What Alice Found There*）中，紅皇后所說：「你必須用力奔跑，才能使自己停留在原地。」[21]「停留在原地」，當然不是駐立不動、毫無改變的意思，剛好相反，正如西方哲人所說，人不能兩次踏進同一條河流，逝者如斯，不舍晝夜，既已抽足，自非前流。「停留在原地」，其實一種新生，是經過銳變之後，清醒、覺悟、過化存神的力量。

由這個角度來理解，「不學不慮」、「無歸」[22]、「一切念頭，如浮雲之過太虛。太虛之中，不拘不留，真是主張操縱，更無執滯也」[23]，所謂的不，所謂的無，並非不要、不必的意思，更不是拋棄紅塵，斷斬五根之類，而是一種隨心所欲不踰矩的「當下即是」。平時所見的執滯以及俗障，藉由自知，發掘嗜欲牽纏、心體受累處，看破也說破，以恐懼戒慎之心，對症下藥。卻又非一味制欲，更要體仁，領知光明磊落的明暢，正如王汎森所說：「是鼓舞性中原有之樂，正面扶持人心中原有的善端，而不是消極壓制心中欲望」[24]，以此格物致知，以此修身應世，變成了一種「見山又是山」、「見水又是水」的肯定與重生。

---

20 龔鵬程對此，論之甚詳，可見龔鵬程：〈羅近溪與晚明王學的發展〉，《晚明思潮》。

21 值得一提的是，有學者採用這句名言，推演成「紅皇后假說」、「紅皇后效應」（Red Queen Effect），用來解釋政治學與生物學的發展。可見Daron Acemoglu, James A. Robinson, *The Narrow Corridor: States, Societies, and the Fate of Liberty*, New York: Penguin Press, 2019, Chapter II. 本文所用，只是義理，自然不是經過引申擴大之後的「紅皇后效應」理論。

22 羅子曰：「在天為天，在地為地，在人為人，無歸，無所不歸也。」羅汝芳：《羅汝芳集·近溪子集》，頁115。

23 羅汝芳：《羅汝芳集·盱壇直詮》，頁389。

24 致欲與體仁，也是羅近溪見到顏山農後，最大的收穫之一。王汎森：〈明代心學家的社會角色〉，《晚明清初思想十論》，上海：復旦大學出版社，2004年。

從另個層面來看，學、慮、思等等，當然是極重要，也是羅近溪一再提醒的。可是過度拘泥，就會僵化，成為執障、法病。所以羅近溪便要說「不」，輾轉相破，以否定來肯定，設阻礙來順利前進，導人於正途，以免歧路亡羊，得不償失。他的《盱壇直詮》，常在談這個道理，他說良知是無思無慮、本體是無體、工夫是無功、說赤子不慮而知之知，聖人不思而得之知，都有這樣的意思。[25]

更重要的是，重生，不能只是竟夜苦思，不能只是日記檢討，不能只是空話白描，更應該要在人倫日用之中實踐：「今只將不慮不學，認為真心，又將自己日用飲食，認非學慮。從事引深觸類，不拘巨細公私，無非是事，則無非是心。無非是心，則無非是慮，則亦無非不慮以為慮；無非是學，則亦無非不學以為學。」持續研練，黽勉不已，工夫到熟處：「久久則景象自將超脫，而真幾自將契會，又何難於大人之神化？而又何異於赤子之心體也哉？」[26]

所以他才總是對人說，良知是不慮而知，是學問宗旨，不過要看得活。若非如此，便把不慮說成是全不思慮，實乃大錯特錯。[27]明白了這點，正如前面所談到的：「不待培養而自生」，當學生問他，人的才性資質，各有不同，有生而知之，有學而知之，有困而知之，則老師所謂培養而自生，又該從何說起？羅近溪的回答是，知有兩種，一種是本諸德行，另一種是本諸覺悟。生而知之、學而知之、困而知之，都屬於覺悟這類，而三個的「之」，則是德性。

換言之，問者所謂的不同，其實沒有不同，人必須覺悟而知之，兩種知的體會，[28]才是重點，才是良知：「蓋論德性之良知良能，原是通古今、一聖愚，人人具足而個個圓成者也。然雖聖人亦必待感觸覺

---

25 羅汝芳：《羅汝芳集‧盱壇直詮》，頁390、391、396。
26 羅汝芳：《羅汝芳集‧近溪羅先生一貫編》，頁362。
27 羅汝芳：《羅汝芳集‧近溪子集》，頁91。
28 羅汝芳：《羅汝芳集‧近溪子集》，頁93。

悟，方纔受用得。」從覺悟到德性，從本體到落實，良知作為近溪思想的基礎，整合了其它的重要概念，因此就羅近溪看來，不待培養而自生，便是良知發微顯用處。吳震說得好：「一方面，良知作為『渾然天成』、『當下即是』的本質存在乃是人類賴以行孝弟的內依據，是近溪主張『求仁』、實行『孝弟』的理論基礎；另一方面近溪顯然更為強調『愛親敬長』、『處言』、『良知』，才能使『良知』有所『落實』。」[29]值得注意的是，羅近溪並非認為覺悟之後，風光大盛，一了百了，已無所求。剛好相反的，悟後仍需修，仍有次第，仍需戒慎恐懼，這種五常百行的磨練，雖有熟處，不過世事無窮，複雜萬端，工夫修練，基本上沒有盡頭：「真機隨處洋溢，工夫原無窮際。」[30]

　　如此來談，看清楚不學不慮的良知面目，[31]才能接上羅近溪強調的實學、大人之學或是經世之學。

　　而敬畏之心，正是出於他的宗教感。由這種感受轉換，良知之學，才能從生命的安頓，修齊治平，變成維護社會秩序的共通倫理。

三　良知：從大人之學到聖諭光輝

　　良知必須因修而悟，悟後再修，持續不斷，才能經世。羅近溪曾任直隸太湖縣知縣、寧國府知府、東昌府知府、雲南屯田司副使、雲南右參政，整治昆明堤，疏浚滇池，任內頗有政績。在羅懷智輯錄的《近溪羅先生庭訓記言行遺錄》中，就記載頗多羅近溪視察水利、測量地理、建議科舉分卷等事宜；《近溪羅先生鄉約全書》，談保甲門

---

29 吳震：《泰州學派研究》，頁358。

30 羅汝芳：《羅汝芳集‧近溪羅先生一貫編》，頁371。關於羅近溪悟後，修行次第的問題，可見吳孟謙：〈晚明心學成聖論述的變化──以羅近溪、管東溟為主要線索〉，《臺大中文學報》第44期，頁119-123。

31 羅近溪回答良知的不學不慮，以及本來面目，頗為精彩。文長難以具引，可見羅汝芳：《羅汝芳集‧近溪子集》，頁117-118。

牌、宣讀《聖諭》、各安生理，孝順父母，更可見其經世手段與眼光。

　　真正的經世之學，就羅近溪看來，並非只是田賦水利、典章制度而已，這些很重要，如果只限於此，看似具體實際，其實是窄化、平面化了。所謂的經世，就是實學，其實就是良知的當下發現，人倫日用，「心地開明，道在現前」，就是經世之學，借用陶望齡的話：「所言即所用，所用即所明。施之成務而即謂之道」。[32]所言、所用、所明，便是羅近溪所說：「工夫在日用間，最要善用。即如昨日諸友，欲盡出勿忘勿助之間景象，此時便是真面目也。以此作為日用，則坐起實學，不認而自認，非真而無不真矣。」[33]

　　良知真面目在日用中，起微、顯現、發端、落實，就是經世。所以，在他看來，良知，既是生命存有的良善狀態，也是社會人文秩序的和諧美滿。他又說：「吾輩有志，在家要做好人，只是循著良知良能，以孝親敬長而須臾不離，便做得好人；在外要做好官，只是循著良知良能，以率民孝親敬長，而須臾不離，便做得好官。若人人如此，便中庸可能矣。」[34]即是此意。

　　實學，也包括了類似的宗教活動、神道設教，例如祈雨、禱祝之類：

　　　　羅子乙太夫人目病，禱于華蓋山。縉紳率子弟誦詩，立迎于
　　　　道。[35]

　　　　時禱雨有應。[36]

---

32 陶望齡：《陶望齡全集・歇菴集》（上海：上海古籍出版社，2019年），頁163。
33 羅汝芳：《羅汝芳集・近溪子集》，頁121。
34 羅汝芳：《羅汝芳集・近溪子集》，頁149。
35 羅汝芳：《羅汝芳集・近溪羅先生一貫編》，頁374。
36 羅汝芳：《羅汝芳集・近溪羅先生一貫編》，頁381。

> 雲南旱，子請兩院僚屬、縉紳父老，步禱城隍廟中，晹谷方方
> 伯曰：「奈日色何？」子曰：「吾自有陰處與諸公行。」是時，
> 日色方烈，忽有黑雲蔽之，禱畢而雨至。[37]

根據巫仁恕的研究，城隍神的傳說，始於六世紀，此後演變為人格
神。明初，神道設教，由塑像改木主，去封號，重建神祇屬性，將神
祇儒教化。中葉以後，塑像、木主，屢有變易，儒教化的現象也滲入
了更多靈驗、求神、問卜的需求，世俗性增強，也讓百姓接受度更大
更廣。於是廟會節慶祭祀等儀式活動，也多圍繞城隍神而生。[38]

　　華蓋山為道教聖地，也是旅遊景點，城隍廟則是人民控訴不公、
尋求慰藉之處，羅近溪選擇了兩者，都有意加入儒家色彩，所以誦
詩，所以群聚縉紳率子弟等等。[39]

　　類似的行為，羅近溪其實無意嚴格區分三教色彩，因為就他看

---

37 羅汝芳：《近溪羅先生庭訓記言行遺錄》，頁415。

38 巫仁恕：《激變良民：傳統中國城市群眾集體行動之分析》（北京：北京大學出版
社，2011年），第五章。

39 羅近溪晚年時，出現為人非議的「遺行」。引起最多討論的，大概就是二子突然死
亡，《二子小傳》描述期間種種神秘的現象，例如羅駱死前「職供門府」、羅軒「徑
生佛地」、死後顯靈等事情，已出儒門，涉入佛道。耿定向等人，以儒家立場出
發，對此多有批評。王汎森認為這是羅氏一家信仰淨明道的證據，淨明道吸收了許
多理學的成分，羅近溪以日記記功過，與水、鏡對坐，顯然都與淨明道有淵源。王
汎森：《晚明清初思想十論》，頁23-26。
本文當然不認為羅近溪晚年的做法，有失風範，不檢押行事。相反的是，或許是有
類似的宗教行為與宗教感，再加上歷練閱歷的增加，晚年有此言行，顯然可以理
解，有脈絡可循，並非憑空出現。
再者，中晚明以來，世人熱衷談死，探究死後世界，建構「向死的存在」所需要修
身工夫，羅近溪接觸此思潮，有所回應，是很正常的。
更何況，羅近溪二子死前的種種狀況，也非獨有，在公安三袁以及親友的筆下，頗
多類似的記載，而且當時的醫療知識，對於「死亡」的判斷，也未必準確。此皆可
見當時的意見氛圍與社會風氣，羅近溪並非唯一。
關於公安三袁面對生死的問題，可參劉芝慶：《自適與修持——公安三袁的死生情
切》，湖北：湖北人民出版社，2017年。

來，這種祈雨、禱祝，儀式本身就有意義，就是良知感應，不分地域人群教派宗主。他把「不禱」，用前述類似的思維：「不學不慮」，來互通理解，所以他說：「夫禱，一也。有禱而禱者，有不禱而禱者。禱而云久，是不禱之禱，以善乎其禱者也。久以成禱，則積之平時，而非取必於旦暮；本之淵衷，而非執滯於形軀。」[40]禱而禱者、不禱而禱、不禱之禱等等，都在於積之平時，久以成禱，才是善乎其禱，不要妄想一次兩次，工夫不熟，就能萬事大吉，藥到病除。

這就是宗教感、[41]神聖性、[42]內化而超越[43]的感受。禱，是平時努力，持之以恆的工夫，而不是取於某時某地、旦暮之間的固定儀式，所以要本於初衷，不要執著於外在形境。

不過，也不能因此就說羅近溪不重視儀式，儀式是實學的一種，因為儀式並不只是良知的產物，剛好相反的，他主張也可藉由儀式來深入體會內心良知。[44]儀式，不要簡化成某某法會、某個時間點的特

---

40 羅汝芳：《羅汝芳集・甘雨如幾冊序》，頁517。

41 儒學到底是不是宗教的問題，論者極多。本文意在指出，儒家當然不是西方基督教以來，所定義下的「宗教」，但顯然具有宗教性與宗教感。相關討論，可見黃進興：《聖賢與聖徒：歷史與宗教論文集》（臺北：允晨文化實業公司，2011年）。黃俊傑：《東亞儒學史的新視野》（臺北：臺灣大學出版中心，2012年），第四章。

42 羅近溪講學，就常讓周圍人有此感動：「及夜，子談孔孟宗旨，時月華五色，靈瓏掩映，諸生喜曰：「神聖之道，果有至極之妙，苟非身親見之，誰能信得奇異如是也？」羅汝芳：《羅汝芳集・近溪先生庭訓記言行錄》，頁418。

43 余英時早年使用「內在超越」，其後改成「內向超越」，他認為「內在」是西方神學上的觀念，「內向」則較為中性，並無西方語義。吳展良〈朱子的世界秩序觀之構成方式〉一文研究朱子的世界觀，提出「世界一元觀」的說法，其源頭又可上溯至先秦兩漢，吳展良認為這種世界觀所強調的道，只內化於一切事物之中，此外並無他處可尋一超越至高之道，此說無以名之，只好暫時稱之為「內化的超越」。本文採用這種說法。余英時：《知識人與中國文化的價值》（臺北：時報文化出版公司，2007年），頁75。吳展良：〈朱子的世界秩序觀之構成方式〉，收於吳展良編：《東亞近世世界觀的形成》（臺北：臺灣大學出版中心，2007年），頁292-293。

44 其實，西方宗教學者，討論儀式、密儀（MysteryCult）等，多指出這種儀式，並非不理性，反而對理性哲學多有啟發，重點在於此非縝密思考可得，而是必須透過實

定鍛鍊。儀式，根本就在行住坐臥間，是良知的當下朗現，這也是他強調法度規矩的同時，還要戒慎恐懼的原因：「蓋此理在日用間，原非深遠，而工夫次第，亦難以急迫而成。學能如是，雖無速化之妙，卻有雋永之味也。」[45]

更重要的是，他認為明初法度，顯然深具此種精神，特別是明太祖手段，如《聖諭六言》之類，[46]透露著良知的光輝：「今日太祖高皇帝教汝等孝順和睦，安生守分，閭閻之間，亦渾然是一團和樂。」[47]「乃幸天篤我太祖高皇帝，神武應期，仁明浴目，濁惡與化俱徂，健順協時通泰。孔孟渴想乎千百餘年，而《大易》、《春秋》竟成故紙；大明轉移俄頃呼吸，而大統真脈皎日當天。」[48]在《騰越州鄉約訓語》中，還說遵守相約，民生不擾，「太祖在天亦庇佑你們，山川鬼神亦擁護你們。」[49]

他又繼續說，中國歷史，「春秋戰國，漢武秦皇，把人民視為草芥，潤澤變成枯槁」、「至乎六朝五代之紛爭，遼金大元之混僭，冠履安受其倒置，虎狼貼服其相群，則又長夜幾難及旦」，[50]看來真是一堆爛帳，惟有到了明代我朝太祖，才撥雲見日，天朗氣清。這就是羅近溪理想中的大人之學，他以《大學》為例，書中反覆詳明，「以顯大人之學」，[51]其實就是身、心、家、國，無不停當。正心修身，自度度

踐體知。而要考證發覺這種儀式背後的教理，那是近代以來對此前宗教的想像，其實，宗教信念才是儀式的產物。

Walter Burkert, *Homo Necans: The Anthropology of Ancient Greek Sacrificial Ritual and Myth*, (Berkeley/Los Angeles University of California Press, 1983, pp.7-9, 27-33.

45 羅汝芳：《羅汝芳集・近溪子集》，頁136。

46 羅近溪推崇《聖諭六言》，羅懷智曾問道、工夫、修身。羅近溪都說《聖諭六言》可盡可行可達知天下。羅汝芳：《羅汝芳集・明德夫子臨時別言》，頁301。

47 羅汝芳：《羅汝芳集・近溪子集》，頁181。

48 羅汝芳：《羅汝芳集・近溪子續集》，頁255。

49 羅汝芳：《羅汝芳集・騰越州鄉約訓語》，頁760。

50 羅汝芳：《羅汝芳集・近溪子續集》，頁255。

51 羅汝芳：《羅汝芳集・近溪子集》，頁9。

人，良知的豁顯，可見大人之學是非常重要的，所以他講鄉約，共讀《聖諭六言》，他問大家感動否？鄉民咸聲同應：「豈惟心動，且均欲涕下也。蓋此土原是夷地，……，乃今變夷為華，已去危而即安矣。況又復得與沾聖明之化，而共用太平之福也。」羅近溪讚歎不已，就對太守說：「今觀老幼之忻忻向善，其良心感發，比之他郡更為加切……而良心同然，則固不容以地知中外而有毫髮知間也。」[52]便是基於這個道理。

明太祖的政治措施，以及明朝的國力民生，到底如何，學界已有許多研究，不過非本文重點。羅近溪類近似肉麻的話，顯然也不是故意諷刺，以古說今，或是言不由衷。他是真誠地思考，以良知感發，並納入他的整體思路之中。

除了明太祖的政績之外，就羅近溪看來，聖賢言行，經典文獻，也有良知發明，例如孔子之「時」、顏子之「復」；又例如他訓迪諸生，「聖賢倦倦垂教天下後世，有許多經傳，不為其他，只為吾儕此身」，《論語》《中庸》《大學》《孟子》等等，皆屬此類。

這種對於聖賢經典的閱讀學習，其實與多數儒者類似，儒家經典，乃入道之鑰，可是道究竟如何存在於經書之中呢？我們如果借用海德格（Martin Heidegger）的說法，在儒者看來，儒家經典，其實就是「辭命」，乃是「性命意義的存有」。這種表章成言（logos），具有啟示的力量，可以在宇宙世界中，道出存有的真實面貌，醒悟自己，並與整體世界回應。因此，讀書變成了一種存有的實感，可感發讀者心性蘇醒，感發天地萬物，於是從自己到整個外在世界，活潑潑地，洋溢著生機與完滿。[53]但是古來書籍何其多，並非每本書都有這樣的

---

52 羅汝芳：《羅汝芳集‧近溪子集》，頁150。

53 〔德〕海德格的觀點，其實頗受賀德林（F. Hölderlin）的影響。關於海德格「原始語言」與賀德林「詩的經驗」，可見蔣年豐：《與西洋哲學對話》（臺北：桂冠出版社，2005年），頁147-161。

功能，文章奧府，唯有讀聖賢書，才能引發上述效用，也只有讀聖賢書，並且按照某些方法與步驟，才能在存有論的活動下，性靈鎔匠，知行合一。[54]

四　結論

我們從吃苦熬煉到不學不慮，從大人之學到聖諭光輝，來解釋羅近溪的良知學，談他的生活與經世立場。

當然，羅近溪的講法，與他的師祖王陽明，是有差異的。就王陽明來說，良知是人的內在道德判斷與評價的體系，作為意識結構中的重要部分，具有引導、監督、判斷與省思的功能，他說是非與好惡：「良知只是個是非之心，是非只是個好惡，只好惡就盡了是非，只是非就盡了萬事萬變」，[55]是非之心，重在道德的理性原則。不過良知也有道德的情感層面、也有著惻隱辭讓的真誠怛惻義，王陽明就講：「孩提之童無不知愛其親，無不知敬其兄，只是這個靈能不為私欲遮蔽，充拓得盡，便完。」[56]愛其親，敬其兄，充而拓之，正可見良知天理流行，處處洋溢著生機與幸福感；又云：「見孺子入井自然知惻隱，此便是良知不假外求」，[57]引用孟子孺子入井之說。所以王陽明論良知，其實包含了孟子四端：惻隱、羞惡、辭讓、是非之心。[58]

---

54 這種讀書法的進一步討論，可見劉芝慶：〈經典與證道——朱陸讀書法〉，《從指南山到湯遜湖：中國的知識、思想與宗教研究》，臺北：萬卷樓圖書公司，2019年。關於羅近溪教人讀聖賢書，論者已多，本文不擬重複，可見龔鵬程：〈羅近溪與晚明王學的發展〉，《晚明思潮》。

55 王守仁：《王陽明全集》（上海：上海古籍出版社，2006年），頁111。

56 王守仁：《王陽明全集》，頁34。

57 王守仁：《王陽明全集》，頁6。

58 陳來：《有無之境：王陽明哲學的精神》（北京：北京大學出版社，2006年），頁154-165。

　　羅近溪的角度與切入點，與王陽明融攝四端的說法，便有差異。不過，問題在於：是否可視為是陽明良知學的合理引申？在某種程度上來說，黃宗羲顯然是反對這種說法；但是，近來許多羅近溪的研究者，基本上多是從肯定這面入手。

　　從這個面向，我們不妨重看黃宗羲的敘述：

> 陽明先生之學，有泰州、龍溪而風行天下，亦因泰州、龍溪而漸失其傳。……。泰州之後，其人多能以赤手搏龍蛇，傳至顏山農、何心隱一派，遂復非名教之所能羈絡矣。……義以為非其聰明，正其學術也。所謂祖師禪者，以作用見性。諸公掀翻天地，前不見有古人，後不見有來者。釋氏一棒一喝，當機橫行，放下拄杖，便如愚人一般。諸公赤身擔當，無有放下時節，故其害如是。

因此，若以羅近溪學說立場來理解這段話，黃宗羲所說「赤手搏龍蛇」、「復非名教之所能羈絡」云云，未必就全是負面意思。畢竟，從學脈的角度來說，陽明學如果作為一個實體，固然可以產生貶義：「陽明先生之學，有泰州、龍溪而風行天下，亦因泰州、龍溪而漸失其傳。」可是，陽明學如果是一種發展歷程，則黃宗羲的言外之意，或也反映出事實：羅近溪之學，其實跨越了當時的儒教，名為良知，身為儒家學者，確然已非名教之所能羈絡。用羅近溪自己熟悉的語法與思維，我們大也可以說：「有名教而名教者，有不名教而名教者」。名教不名教，要辯證地來看。

　　而「赤手搏龍蛇」，固然膽大，卻也心細，講求不學，仍要吃苦，強調高遠，更不忘戒慎，確實是橫跨儒家與異端、出入王學與三教的學者，更是如羅近溪等人，擅長的路數。在某種程度上來說，他非名教之所能羈絡，又以儒門自認，因此既擴大了王學，讓王學傳播

力度，更為強韌；也難免後世之譏：將王學染上禪門色彩，「大而無統，博而未純」[59]，甚至末流所及，世人不擅學，易有弊病，變成戒慎太少，縱放太多，以至於「赤身擔當，無有放下時節」，導致漸失其傳。

反過來說，突破名教，是為了鞏固名教，用力奔跑，才能使自己停留在原地，能有這樣的體認與心境，「赤手搏龍蛇」，充滿勇氣又戒慎恐懼，不學不慮卻也小心翼翼，以良知自修又經世；以儒者為己任，晚年卻又強調宗教體驗，出現「遺行」，看似矛盾的世界，卻企圖整合圓熟，看出門道，找出門路，一向是學者解釋世界的任務與重心所在，而羅近溪的可貴，不正在這裡嗎？

---

59 此為黃宗羲引許敬庵語。黃宗羲：《明儒學案》，頁762。

鍾惺的死生情切

一　文人談生死

　　眾多研究者早已指出，中國思想中對「死亡」的探索，為數頗繁。不論是儒釋道，還是民間習俗，又或是文人雅士、學者官員等等，都有對死亡的觀察與探討。[1]到了晚明時期，對死亡議題的關注，相較於之前，似乎已變成一種懷德海（Alfred North Whitehead）所謂的「意見氛圍」（climate of opinions），成為當時士人文人普遍談論的主流議題之一，他們對這個問題極為關注，也提出許多分析。正如呂妙芬與彭國翔所說：

> 如此看法，到了晚明有了明顯的轉變，晚明許多儒者不但不以追求了脫生死為自私的表現，或不應過分談論鑽研的課題，反而肯定生死課題的探究是人生終極的關懷，更是聖人之教的重點所在。……可見對于生死的關切的確是晚明理學家普遍的情懷。[2]

> ……由以上幾個方面可見，儒家傳統諱言生死的情況在中晚明的思想界發生了明顯的改變，生死關切在儒家的問題意識中由

1　相關的文獻回顧，可見劉芝慶：《自適與修持——公安三袁的死生情切》（湖北：湖北人民出版社，2017年），第一章第一節。

2　呂妙芬：〈儒釋交融的聖人觀：從晚明儒家聖人與菩薩形象相似處及對生死議題的關注談起〉，《中央研究院近代史研究所集刊》第32期，頁185-186。

「幕後」轉至「臺前」,從以往較為邊緣的話語地位突顯成為當時以陽明學者為代表的儒家學者問題意識的焦點之一。死亡已不再是儒者諱言的問題,而成為關聯于聖人之道的一項重要指標。[3]

兩位學者所言,「晚明理學家普遍的情懷」、「從以往較為邊緣的話語地位突顯成為當時以陽明學者為代表的儒家學者問題意識的焦點之一」,深刻地指出了中晚明(特別是晚明)的儒學界,關於死亡思索,是相當流行的。當然,就他們各自論文的主旨來看,兩位的研究都是針對儒家而發,不過在文中也討論到許多佛教人物與文人群體。所以生死情切,又或是貪生怕死,進而安身修道者,絕非儒者而已。

我們以廣闊的視野來看,論者之多,身分之眾,更是橫跨三教,士人、文人、僧人、道士等等,也是一應俱全。例如許浮遠、馮夢禎、馮夢龍、管志道、焦竑、楊起元、陶望齡、周汝登、李贄、劉宗周、袁宗道、袁宏道、袁中道、江盈科、尤侗、鍾惺、譚元春、蕅益智旭、憨山德清、隱元隆琦……等人,都有對死亡提出自己的看法。他們對生死的探索,或許不盡相同,立場亦異,可是由存在焦慮激發出的眾聲喧嘩,卻共同建構了晚明時期的重要議題——生死大事。

相對於晚明三教[4]的生死學探討,當時文人如何面對死亡?使用何種資源,來解釋死亡?如何談死?如何出生入死?不免語焉未詳,或欲說還休,或按下不表,未盡之處,待發之覆,仍有許多。[5]竟陵

---

3 彭國翔:〈儒家的生死關切——以陽明學者為例〉,收於氏著:《儒家傳統:宗教與人文主義之間》(北京:北京大學出版社,2007年),頁131。

4 例如彭國翔:《良知學的展開——王龍溪與中晚明的陽明學》(北京:生活‧讀書‧新知三聯書店,2005年),頁463-481。鄭志明:《明代三一教主研究》(臺北:臺灣學生書局,1988年)。廖俊裕:〈儒學的生死學——以晚明儒學為文本〉,《成大宗教與文化學報》第4期(2004年12月)。

5 綜觀目前學界研究,在此面向上,李贄、公安三袁,特別是對袁宏道的研究,稍微多些。例如劉芝慶:《自適與修持——公安三袁的死生情切》。劉芝慶:〈李贄的生

派便是其中一例，關於研究現況，陳廣宏《竟陵派研究》，說之甚明，[6]而這樣的人物，目前對鍾惺的理解，多在他重性靈，反摹古，幽情單緒，孤行靜寄，作品也偏向僻奧冷澀，甚至還被王夫之批評為湊泊字句，東支西補，只爭數字之奇，[7]顧炎武不喜歡他，說鍾惺文人無行，選歷代諸詩，好行小慧，自立新說，敗壞天下。[8]吳梅村也說：「竟陵之所主者，不過高岑數家耳，立論最偏，取材甚狹」。[9]如上述者，不同意的當然也有許多，差別在於，鍾惺反對的是哪種古？是全盤還是部分？是意有所指還是指桑罵槐？代表作品有哪些？他與譚元春編纂的書籍，透露哪些詩學觀點？主張，如何落實在創作之中？除了常見的那些引文之外，還能不能有其他更多的證明……等等。多聚焦在其生平行事、文體創作、詩學理論、評點語言、交遊網路、黨爭派系、鄉土情懷，或知人論事，或曲探心跡，以幽深孤峭說文學，以虛懷靜衷談審美，以噍音促節析韻義，以公安竟陵述興替，以社交網路談群體，專書期刊等等，砍了不少樹木，花了不少紙張，自然是碩果累累。

死之學〉，《從指南山到湯遜湖：中國的知識、思想與宗教研究》，臺北：萬卷樓圖書公司，2019年。龔鵬程：〈死生情切：袁中郎的佛教與文學〉、〈超凡入聖：袁小修的山水遊記〉，收於氏著：《晚明思潮》（宜蘭：佛光人文社會學院，2001年），頁135-240。另外收於同書的〈攝道歸佛的儒者：焦竑〉，也是研究晚明儒者的生死學。邱敏捷：《修持與參禪：晚明袁宏道的佛教思想》（臺北：商鼎文化出版社，1993年。江燦騰：〈李卓吾的生平與佛教思想〉，《明清民國佛教思想史論》（北京：中國社會科學出版社，1996年），頁195。

6 陳廣宏：《竟陵派研究》（上海：復旦大學出版社，2006年）。本書第一章就有對竟陵派「20世紀三四十年代的竟陵派研究」、「20世紀八九十年代的竟陵派研究」、「臺灣地區與海外的竟陵派研究」、「竟陵派研究的展望與新世紀的良好開端」等章節。

7 曾守仁：〈冷人、幽器與鬼趣：試論鍾、譚的人、詩與批評〉，《文與哲》第18期（2011年6月），頁398-399。

8 顧炎武著，黃汝成集釋：《日知錄集釋》（上海：上海古籍出版社，2006年），頁1072。

9 〔清〕吳偉業：《吳梅村全集》（上海：上海古籍出版社，1999年），頁1089。

本文的研究，在許多研究的基礎上，結合晚明思潮，繼續耗費筆墨印刷等資源，再行開發一個可能的面向，即是竟陵派的生死學。[10]本文以鍾惺為主角，分析：他如何思考死亡？使用的思想思源，又是為何？怎麼面對活著？如何解釋了死亡？是否可能聯繫到他的文學觀？而死亡與文學，又來自於哪些更基礎的東西？他晚年精研佛典，又有《楞嚴經如說》，強調淡泊寂靜，該以何種思路理解？

順著線索，我們意在指出，鍾惺許多的文學主張，源自於他的存在感受，由詩觀人，以人論詩，藉此撫頓自己，安身立命。但是，鍾惺經歷親友逝世，對所學頗有所悟，進而大量閱讀佛典，晚年更與人合刊《楞嚴經如說》，從詩到佛，強調靜、幽、孤峭、寂遠等等，貫徹始終，至死不變，顯然都是他看重的生命品質，所以他應事、處世、思生、面死。本文的研究，便是說明鍾惺的此種特色。

二　靜則壽：鍾惺的詩文與生命關懷

鍾惺，字伯敬，號退谷，湖廣竟陵（今湖北天門市）人。他與譚元春等人，合稱「竟陵派」。近代以來，研究者突顯公安派的地位，並與當代思潮結合，[11]錢鍾書卻指出，公安派才情詞氣，固然勝於竟陵，若就對後世影響力而言，竟陵實遠大於公安。近代學者刻意凸出公安派的地位，似未得實情。[12]

研究者談及竟陵派的文學觀點時，多引《詩歸》序的話：「真詩者，精神所為也。察其幽情單緒，孤行靜寄于喧雜之中；而乃以其虛

---

10 關於譚元春面對的生死問題，可見劉芝慶：〈從文學到生死：譚元春的生命情調〉，收入本書。

11 關於「晚明」如何包含了「現代」，近代學術語境中，如何描寫想像晚明，可見譚佳：《敘事的神話：晚明敘事的現代性話語建構》，北京：中國社會科學出版社，2006年。

12 錢鍾書：《談藝錄》（臺北：書林出版公司，1988年），頁102-106。

懷定力，獨往冥游于寥廓之外。」此文雖為鍾惺所做，卻也是譚元春的主張，畢竟譚元春也有許多類似的言論，故可視為鍾譚的共同想法。只是，這種「幽深孤峭」、「虛懷靜衷」、「幽情單緒」、「孤行靜寄」的內涵，究竟該怎樣理解？正如陳廣宏所指出的，鍾惺、譚元春等人崇尚的這些原則，雖說是本然知性所賦予，是要洞察自然界承載的宇宙本體博大恆定之玄理，卻也強調習得經驗，內省體知，甚至近乎神秘的程度。[13]

就鍾惺看來，因為難逃世俗，身處其中，為詩之道，既要模寫自然，又得陶甄矯改，順其性，擴而充之，刪削又不能傷於自戕。故寂然凝慮，獨得幽孤，淨衷虛靜，更顯得超然與重要：「空山雞犬夜無驚，靜者深深獨往情。」[14]「歸路漸看酬對少，身心隨處入幽暇。」[15]「不爾良辰何草草，因之靜理亦生生」[16]。空山之中，雞犬無驚，萬籟俱寂，正是靜者的大好時光。反過來說，熱鬧火爐，[17]喧囂酬對之

---

13 陳廣宏：《竟陵派研究》，頁425。所謂「神秘」，雖難以細述，不過開權顯實，嘗試用語言言說者，所在多有，神秘，Mysticism，早期如鈴木大拙等人，譯為神秘主義，近來也有人譯為「密契主義」、「冥契主義」。這種悟道式的神聖感受，歷來學道修道者，遍及三教，或是三教之外者，這類的寧靜體驗，十字打開，調適而上遂，更是為數不少。陳來就曾以心學家，分析這類的感受體知。陳來：〈心學傳統中的神秘主義問題〉，《有無之境：王陽明哲學的精神》，高雄：佛光文化，2000年。

14 〔明〕鍾惺：〈夢山中題壁有石引長松天一笑之句起而足之往索彭舉畫〉，《隱秀軒集》（上海：上海古籍出版社，2017年），頁206。

15 〔明〕鍾惺：〈商孟和送予還楚憩茶洋驛澗亭有作奉和〉，《隱秀軒集》，頁206。

16 〔明〕鍾惺：〈三月三日（是日欲雨）〉，《隱秀軒集》，頁220。

17 晚明時期，特別喜歡用「冷」與「熱」相對，此非溫度變化，更是對社會世情的表達。前者意謂對原本盲目追求的對象，沉默地退離，並且以一種冷淡、淡化、淡漠的方式，「冷」處理，重新看待。當不再為對象患得患失，得失心淡泊，「諸緣皆可作飛塵」，便可不再為世間價值盲然追逐，失卻了自我本真。後者（熱），則是對塵世各種利益價值的獲求，例如社會地位、富貴奢華、權力身分等等，汲汲營營，奔波追捕，強取豪奪，如此爭名逐利，津津有味。而為求利益，用盡心機，裝模作樣，既得之，又患失之，故凡是看重世間聲名價值者，都可以屬於「熱」的部分。在紅塵滾滾，熱鬧濁世中，要能勝物而不傷，應世而不被世所障，出淤泥而不染，就有賴於對「冷」的掌握。體會愈深，境界愈高，就愈能入世即出世，保持自身清

後，身心必須舒緩，轉向幽暇寂靜，才是正途。由靜理而有生生之
道，「幽勝妙觀快我冷眼」，[18]靜不應該是枯寂偏狹，卻是包容整頓無
限的有，包括紛亂無序，蔡復一在澧州治水，事據繁雜，鍾惺就安慰
他：「何以塵務中，穆如清風詠。乃知寄託殊，形神本淵靜。以茲暇
整情，何紛不可定。」[19]

　　鍾、譚二人，評李商隱〈房中曲〉，就說：「苦情幽豔。情寓纖
冷。」鍾惺對王維〈西施詠〉，也說：「情豔詩到極深細、極委曲處，
非幽靜人原不能理會，此右丞所以妙于情詩也。彼以禪寂、閒居求右
丞幽靜者，真淺且浮矣。」陳國球稱為：「達到禪寂的境界，更能深
于情」，依照他的解釋，所謂「禪寂」、「閒居」、「情豔」都只是表
面，鍾、譚等人要挖掘的，是更深層的「幽靜」，這也是從語言結構
的配合，來讀來寫「豔詩」，既能免俗豔之濫，更能追求「豔」以外
的深意。[20]

　　不過，「靜」、「幽」、「冷」、「孤行」云云，不只是詩而已，也是
一種不執與超脫，入乎內，出乎外，游於圓，通於中，鍾惺就說真正
的注者，應該是由內而外，有了靜的生命品質，才有了靜的注疏精
神：「蓋注者之精神，有能自立于所注之中，而又遊乎其外者也。」[21]
鍾惺藉此寫詩，論學，更因此觀人，他在評論或是為他人寫傳時，刻

醒，冷淡以對，不被「熱」昏頭。此種思考，表現在當時的許多文獻，橫跨三教，
　　不拘文史哲。可見劉芝慶：《自適與修持──公安三袁的死生情切》，第五章第三節。
18　〔明〕鍾惺：〈雪後鎮海樓觀晚炊〉，《隱秀軒集》，頁416。
19　〔明〕鍾惺：〈蔡敬夫自澧州以詩見寄和之〉，《隱秀軒集》，頁17。
20　陳國球：《明代復古派唐詩論研究》（北京：北京大學出版社，2007年），頁249-
　　255。歐麗娟說得好，她以為鍾惺評王維為例，闡明幽靜之理：「王維的情感不但是
　　豐沛，也是深刻的。『深刻』使得情感不會一味地任意向外抒發，而會翻轉過來向
　　內蓄積含斂，因此在表現形式便反而似乎帶有平靜的外觀。」歐麗娟：《唐詩的多
　　維視野》（臺北：五南圖書出版公司，2018年），頁12。
21　〔明〕鍾惺：〈三注鈔序〉，《隱秀軒集》，頁291。

意強調此點，說袁宏道中郎：「寧靜澹樸，似有道者也。」[22] 又或是引用陳仲醇的話，自稱「始聞客云，鍾子，冷人也」；[23] 稱讚唐宜之的作品「清歷幽曠，猶似其為人」，那麼，其人到底如何？鍾惺的分析是：「秀羸明悟，靜而近道。」[24] 類似特質，都是幽情單緒，孤行靜寄，以虛懷之定力，獨往冥游於寥廓的人物，文友如周伯孔「奇情孤習」[25]、王季木「奇情孤詣」[26] 等等，皆屬此類。他甚至說「世有真詩，自有真循吏」、「今讀君之詩，知君之所以達于政矣。」[27] 不是說寫詩能治國，而是可以寫好詩，往往必有相應「靜」的生命質量，依此修齊治平，人文化成，豈不順理成章？

錢謙益《列朝詩集小傳》認為這是鍾惺中舉，「擢第之後，思別出手眼，另立深幽孤峭之宗，以驅駕古人之上」，求與人異，故意跟他人不同，才開發出來的詩學主張。此說恐非，早在《詩歸》以前，鍾惺詩文中，便有此等特色，只是沒有大張旗鼓，刻意標明罷了。當然，理想豐滿，現實骨感，鍾惺的呼籲，在實踐中往往出現落差，又或是他人看來，不明所已，不願或是不需要理解其生命感受，不同意其為人處事，導致讀其詩，觀其評，陰森冷颼，寒風刺骨，陰氣所集，鬼趣自吟，自以為孤情，反而變成「幽靈」；自以為淡寂，不料卻是「冥語」，缺乏生命厚度的文本解讀與創作。錢謙益的批評：「所謂深幽孤峭者，如木客之清吟，如幽獨君之冥語，如夢而入鼠穴，如幻而之鬼國。」未必全是誣指。[28]

---

22 〔明〕鍾惺：〈放言小引〉，《隱秀軒集》，頁317。

23 〔明〕鍾惺：〈潘無隱集序〉，《隱秀軒集》，頁321。

24 〔明〕鍾惺：〈贈唐宜之署潁上縣事序〉，《隱秀軒集》，頁381-382。

25 〔明〕鍾惺：〈周伯孔詩序〉，《隱秀軒集》，頁307。

26 〔明〕鍾惺：〈問山亭詩序〉，《隱秀軒集》，頁309。

27 〔明〕鍾惺：〈方彥章遂安三年考滿序〉，《隱秀軒集》，頁370。

28 可見曾守仁：〈冷人、幽器與鬼趣：試論鍾、譚的人、詩與批評〉，《文與哲》第18期，頁415-424。

　　諸如此類，言人人殊，從生命透視作品的解釋問題，最好的例
子，我們可以看譚元春對鍾惺的形容：[29]

　　　　退谷羸寢，力不能勝布褐。性深靖如一泓定水，披其帷，如含
　　　　冰霜。不與世俗人交接，或時對面同坐起若無睹者，仕宦邀
　　　　飲，無酬酢主賓，如不相屬，人以是多忌之。

譚元春與鍾惺交往多年，相知相惜，自然可以同情地理解其為人，所
謂「不與世俗人交接」，或「起若無睹」等等，解釋成以靜冷處事，
「退谷雖嚴冷，然待友接士一以誠厚……」，從人觀詩，更能呼應彼
此的文學主張。反過來說，旁人無此交情，不需要刻意為他人盡力著
想，也可以理解成不通世務，自以為是，所謂冷嚴、靜幽等等，都是
用詩學來合理化自己的行為罷了，品行有誤，詩文表現自然不可能如
他們規畫想像的美好，只能淪為鬼相森森，鬼影幢幢，鬼味四溢了。
　　鍾惺對此，顯然是有自覺的，他與高出論詩，高出認為《詩歸》
反覆於「厚」，據陳廣宏的研究，厚與靈並說，是深厚涵養而返觀省
照的內斂，[30]顯然也屬前述「靜」的思路。但是，就高出看來，鍾惺
自己筆下卻多有未厚，心手難應，言行不符，頗有疑慮。鍾惺回應高
出，說他果然洞見，深中之言。當然鍾惺還是要反駁解釋，厚者，有
平而厚者，有險而後者，但更重要的是，心中必須有此生命之靈，詩
文不能只是技術，必與生命相關才好：[31]

　　　　夫所謂反覆于厚之一字者，心知詩中實有此境也，其下筆未能

---

29 〔明〕譚元春：〈退谷先生墓誌銘〉，《譚元春集》（上海：上海古籍出版社，1998
　　年），頁680。

30 陳廣宏：《竟陵派研究》，頁324。

31 〔明〕鍾惺：〈與高孩之觀察〉，《隱秀軒集》，頁551。

> 如此者，則所謂知而未蹈，期而未至，望而未之見也。何以言
> 之？詩至于厚而無餘事矣，然從古未有無靈心而能為詩者，厚
> 出于靈，而靈者不即能厚。……，然必保此靈心，方可讀書養
> 氣，以求其厚。

雖未能至，心嚮往之，不能因為目標難成，心中遂無所求，知而未
蹈、期而未至、望而未之見，可以是現況，更可以是努力的動機，重
點是：為詩不能遠於為人，此本一失，真詩不存。所以保此靈心，讀
書養氣，以求其厚，這種生命質量與感受，是寫詩評點，是讀史閱
世，是安生立命，恐怕也是面對生死最好的處理方式。所以他說靜者
壽，「……而猶有真文雅、真風韻，固先生以靜留之也。（鍾）惺乃謂
先生所以壽者，其道不出于此。」所謂靜，不是待在山中，遠離人
世，而是就在此山中，觀花開花落，看春秋代序，人事如此，物態如
是，「故山者，閱人事、物態、天時者也；不為人事、物態、天時閱
者，靜故也」。役物而不役於物，於是引義觸類，宣滯化腐，通物我
之懷，觀天地之機，而鄒彥吉先生，正是「閱世而不謂世所閱，是謂
至靜，靜則壽，山之象也」。[32]

　　〈鄒彥吉先生七十序〉，是鍾惺四十五歲所作，故云「今先生見
惺四十有五」，從事後之見來看，已是鍾惺晚年，他對生死的感受，
達至高峰。事實上，從他離鄉到中舉，從南京到北京，從工部主事到
福建提學僉事，最後辭官退休，入佛寺，讀經藏，解楞嚴，一路走
來，問道述學，閱世寄言，「死生千里路」[33]，親人師友、門生故舊，
或陰錯陽差，凶終隙末；或漸行漸遠，不明所以；或交深緣淺，傾蓋
如故；自己也有瀕死經驗，幾至病亡，因循支撐，以苟歲月。而生離
死別，對死亡的焦慮，情感牽掛，更讓他銘記於心，浹肌膚而淪骨

32　〔明〕鍾惺：〈鄒彥吉先生七十序〉，《隱秀軒集》，頁364-365。

33　〔明〕鍾惺：〈弇園憶贈王元美先生四首〉，《隱秀軒集》，頁160。

髓：「友朋容易散，生死默相催。」[34]友人程惟德對鍾惺說死生事大，勸戒詩學道，結果自己沒多久卻先身亡離世，「其言絕痛。」[35]更不必說親人的死亡：「（鍾）惺德薄罪重，三十年內，喪嗣父嗣母，喪生母，喪仲弟、叔弟、季弟與妹，喪長男，諸男女眷屬幼者不與焉。創鉅痛深，悲淚歡喜……。」[36]

中舉之後，又經數年，乙卯年（明神宗萬曆四十三年，1615年），他從王以明的談話中，領悟生死大事之重，「今稍知於生死性命作畏布想，若夢醒觀，一念疑悔……」，[37]雖痛懺自己過去溺於詩文，忘卻生死。卻非盡棄從前，從頭開始，而是他在過往思路中，尋找對接未來，解決困惑的可能。譚元春說鍾惺「始終近日看內典，誦佛號，一月之中，齋食十五日，即吳姬亦已長齋，不食鹽酪，率其家人寫經誦經，不以死者為可傷，以生者為當悟，此實福實慧也。」[38]譚元春在〈退谷先生墓誌銘〉，也說：「年四十八九，始念人生不常，佛種漸失，悲淚自矢，以為讀書不讀內典，如乞丐食，終非自爨，男子住世數十年，不明生死大事，貿貿而去，一妄庸人耳。乃研精《楞嚴》，眠食藩溷，皆執卷熟思，著《如說》十卷，病臥猶沾沾念之，曰：『使吾數年視息人間，猶得細窺妙莊嚴路也』。」[39]其因在此。吾人在世，不明生死大事，只是妄人庸人，鍾惺因此勤讀佛經，對《楞嚴經》，執卷熟思，即便日後臥病在床，依舊不改其志。

---

34 〔明〕鍾惺：〈送可上暫還永新定明年之約二首〉，《隱秀軒集》，頁183。
35 〔明〕鍾惺：〈程惟德詩序〉，《隱秀軒集》，頁330。
36 〔明〕鍾惺：〈募盂蘭盆施食念經禮懺疏〉，《隱秀軒集》，頁582。
37 〔明〕鍾惺：〈與王以明〉，《隱秀軒集》，頁562。
38 〔明〕譚元春：〈答鍾伯敬書〉，《譚元春集》，頁773。
39 〔明〕譚元春：〈退谷先生墓誌銘〉，《譚元春集》），頁682。

三　明生死大關：「楞嚴經如說」

　　鍾惺參加宗教活動的興趣，非從晚年開始，在〈家傳〉中，他就描寫家族活動中，有關道士、僧侶的記載情況，他自己對於法會、放生等等，多有支持。寫了多篇募款化緣疏章，或是造像記，述緣起、建寺廟、購經疏、添器具、塑佛相、修閣碑等等，如〈圓通庵募緣疏〉、〈東禪寺玻璃閣募緣疏〉、〈重修華嚴閣碑〉、〈題三明和尚募積經書〉、〈重裝牛首祖相疏解〉、〈募修牛首山羅漢殿疏〉、〈募畫祖像疏〉、〈京山多寶寺募五大部經疏〉、〈募盂蘭盆施食念經禮懺疏〉、〈募修大報恩寺觀音殿疏〉、〈題祖像碑記後〉、〈題貝葉畫〉、〈焰口施食頌〉，還有對父母兄弟老師親友，所寫的告佛疏文疏等等，數量頗多。

　　與在家居士類似，鍾惺晚年以後，讀佛經，用功深，雖信奉淨土，勤於念佛，也不礙參禪，如〈告亡兒肆夏文〉所云，也如《楞嚴經如說》所說：「唯其六根都攝，故得淨念相繼。觀音勢至，皆彌陀之輔弼。一以念佛接人，一以參禪誨眾，皆就此界根機，各開戶牖。問參禪者，不但不容起我人眾生壽者見，即佛見法見亦不容起，此經斥見相發心為生死，金剛訶聲求色見為邪道；念佛者，志在淨念相繼，現前當來，決定成佛，空有二門，迥然各別。答參禪者，志在泯一切相，所以不容起念，善惡盡掃；念佛者，志在佛來接引，要須淨念相繼，頭頭見佛，唯能掃除一切，方能見性。既能見性，何難見佛？亦唯淨念相繼，必能見佛。既能見佛，亦易見性。唯真空者證妙有，唯妙有者見真空。門雖有二，其究歸一」。[40]

　　關於中國佛教淨土，信仰頗多，有彌勒淨土（亦稱兜率淨土）、彌陀淨土（亦稱西方淨土）、唯心淨土等。晚明最為流行的是彌陀淨

40　〔明〕鍾惺、賀中男：《楞嚴經如說》，收入《卍續藏經》（臺北：新文豐出版公司，1997年），第13冊，頁438a。

土，又稱西方淨土，以稱名念阿彌佛陀之名，往登西方極樂世界。[41]
雲棲袾宏曾解釋四種念佛方法，分別是持名、觀像、觀想、實相：
「四種如前序中說：一稱名，二觀像，三觀想，四實相。稱名者，即
今經（芝慶按：《阿彌陀經》）；觀像者，謂設立尊像，注目觀瞻，如
《法華》云：『起立合掌，一心觀佛，即觀相好光明現在之佛也。』
若優填王，以栴檀作世尊像，即觀泥木金銅鑄造之佛也，故云觀像；
觀想者，謂以我心目，想彼如來，即《觀佛三昧經》、《十六觀經》所
說是也；實相者，即念自性天真之佛，無生滅有空能所等相，亦復離
言說相，離名字相，離心緣相，是名實相，所謂我欲見極樂世界阿彌
陀佛，隨意即見是也。」[42]其實，看話頭與疑情工夫，以及參究念
佛，也正是晚明淨土與禪宗的共通法門。又或是者說，在許多教徒與
文人士子身上，更多的體現是禪淨同詮的現象。鍾惺也是如此，所以
他才說：「門雖有二，其究歸一」只是相較之下，他認為淨土更勝於
參禪，所以他才認為念佛接人，現前當來，「歸於淨土。自度度人。
何等願力本事。原是最上一乘。」[43]

　　另外，鍾惺對於《楞嚴經》，感觸最深，所下工夫也最多，他在
回答徐元歎的問題時說：[44]

41 陳永革：《晚明佛教思想研究》（北京：宗教文化出版社，2007年），頁127。

42 〔明〕雲棲袾宏：《彌陀疏鈔》，《蓮池大師全集》（上海：上海古籍出版社，2011
　　年），頁1231。

43 當然，兩者並不衝突，只是相較之下，仍有高下輕重。關於參禪不礙念佛，論述甚
　　多，不止憨山德清而已，雲棲袾宏也以參究念佛名為理持，名持念佛為事持，事持
　　理持相容相成，主張禪淨共通，念佛不但不妨礙參禪，更有益於參禪。雲棲袾宏就
　　說：「古謂參禪不礙念佛，念佛不礙參禪，又云不許互相兼帶，然亦有禪兼淨土
　　者……」「然則念佛不惟不礙參禪，實有益於參禪也。」湛然圓澄也認為：「真正
　　悟明，必生淨土。……故知淨土之易，不異參禪之易；參禪之難，即是淨土之難。
　　難易之事，在人不在法。」相關討論，可見劉芝慶：《自適與修持──公安三袁的
　　死生情切》，頁44-55、109-116。

44 〔明〕鍾惺：〈與徐元歎〉，《隱秀軒集》，頁571。

讀所寄淨土三妙門，始知念佛一事不可視為太難，亦不可恃其
太易。雲棲之言念佛，似只須口誦，便可往生。彼非不欲知幽
溪所言，恐人以為難，反生退轉，不若且引之口誦……。

《楞嚴》說修行始終，上下巨細已盡……，弟始厭其煩，細看
一二卷，覺有歸落，不致使人見其文之愈妙而愈生疑也，惜無
暇日得徹看之。

《金剛經》不能以筆墨訓解，只須口誦，胸中自然了然……。

信中所說，雲棲袾宏並非不知幽溪傳燈對於念佛的看法，只是為方便
接引眾生，認為只須口誦，便可往生。其實，雲棲袾宏當非如此，就
算只是權宜之計，重點都在於開權顯實，而非到此為止。只是跟他人
相比，雲棲袾宏較偏重於他力往生，相信佛陀願力，得脫世間苦痛。[45]
值得注意的是，鍾惺雖然說對於《楞嚴經》，還沒有時間從頭到尾細
看，也只是過渡時期，到了他在給譚元春的信中，顯已不同，他說自
己：「《楞嚴經》為法拚命，病前病後，披剝不記（芝慶按：應為計）
其次，危者有時安，滯者有時通，佛力憐念加被……。夫聽人說已看
之經，雖覺現成省力，然終不如費自己心力，損自己資糧，經歷艱
苦，尤為受用。」[46]可見其對此經，別有會心，感觸更深。

　　若要論中國佛教，特別是近世以來，影響力最深遠的佛經之一，
則為《楞嚴經》。雖非某門某派專屬獨占，但教內教外，頗受重視。
而從明代中葉以後，更是流行。從大宗旨大方向來看，《楞嚴經》是
以如來藏緣起為主軸，如來藏能生萬法，卻又不住不染。畢竟相通過

---

45 劉芝慶：《自適與修持——公安三袁的死生情切》，頁54-55。
46 〔明〕鍾惺：〈答譚友夏〉，《隱秀軒集》，頁569。

因緣而現，是空而非實，只是人們常常誤將表象視為實相，把手指頭當成月亮。而天地宇宙又因緣而有，因為各種條件的相互依存所以處在變化之中，所以《楞嚴經》注疏中常有「破釋顯根」、「舍識用根」的說法。[47]畢竟，如來藏是眾生證道成佛或是墮落輪迴的基礎，不住不染，卻也是染、淨諸法所依，因此修行重心，在於破諸妄想，返妄歸真。[48]

《楞嚴經如說》，是鍾惺與賀中男合寫。賀中男，字可上，著有《經濟名臣錄》、《憂內集》。鍾惺〈首楞嚴經如說序〉明言，此書七卷以前，多是自己所寫，「八卷至末，賀說居多。」[49]因此我們引文論證，儘量以前七卷為主，後面三卷，作為輔證。

目前有關《楞嚴經如說》的研究，並不太多。王鐙蘇獨占鰲頭，見人未見，他的研究面向，是以評點方式，強調「以文士之筆代僧家之舌」，認為鍾惺對《楞嚴經》視為文章文本，系統而具體地評點，從括題、起結，到舉一例餘等文理特色，也呼應了晚明有物有則、捨禪學而興義學的佛學思潮。並指出鍾惺雖強調佛學戒律，卻未身體力行，並沒有在實踐層面上具體遵守。[50]

綜觀鍾惺生平，即便是晚年死生情切，鑽研佛學之後，鍾惺對於戒律確實也未嚴格遵守。在當時，佛門人物如憨山德清、丈雪，悟修

---

47 熊琬：〈楞嚴經的五教判斯為解析〉，《華嚴學報》第11期（2019年3月），頁87。

48 根據吳孟謙的研究，晚明清初佛門中的諸多僧人居士，往往對《楞嚴經》第四卷「世界相續」說，多有闡釋開展，藉此對三教世界觀的異同做出分析。吳孟謙：〈晚明清初佛門對儒道世界觀的評判：以《楞嚴經》為核心〉，《成大中文學報》第65期（2019年6月），頁155-192。另外，羅汝芳也讀《楞嚴經》，這與他良知學的宗教感受有關，可見劉芝慶：〈「心地開明，道在現前」——羅近溪的良知、生活、與經世之學〉，《陽明學研究》第六輯，2021年。

49 〔明〕鍾惺：〈首楞嚴經如說序〉，《隱秀軒集》，頁569。

50 王鐙蘇：〈鍾惺《楞嚴經如說》及其佛經文理評點〉，《文學遺產》2020年第5期。王鐙蘇：〈論鍾惺對晚明佛教復興的貢獻〉，《五臺山研究》第142期（2020年1月）。王鐙蘇：〈鍾惺對《楞嚴經》的文學式評點〉，《中國佛學》第42期（2018年3月）。

並重，既重視禪悟，也強調戒律修行。其實居士也是如此，就以袁宏道為例，萬曆二十七年（1599年），袁中郎元以上根人自視，跟從李贄，不屑戒行，如今卻漸漸走向修持戒律，本來講求淨妙真心、自悟境界的他，漸改前非，悟修兩皆不廢，他的弟弟袁小修就說：「先生之學（芝慶按：袁宏道）復稍稍變，覺龍湖（芝慶按：李贄）等所見，尚欠穩實。以為悟修猶兩截也，向者所見，偏重悟理，而盡廢修持，遺棄倫物，價背繩墨，縱放習氣，亦是膏肓之病。」[51]不止袁宏道，當如主張修持戒律的人也不少，袁伯修也說大慧、中峰等人，惟恐後世以空解人，墮落魔事，強調修悟並重，絕非悟後不必再修，狂禪所言，實不足取；焦竑也認為這不過是一知半解，自謂透脫，實無可觀；陶望齡更說生死大事，佛祖大機，卻被那些人當作癡兒戲劇，未免可笑……。[52]又或是如《戒疏發隱》《律學發軔》等等，希望把佛性具體落實到佛教戒律的詮釋與實踐之中；丈雪通醉也說：「叢林執事，今古弘規，出彼入此，提撕本分，一味貼貼實實，盡錙銖，分涇渭，不肯移易一絲毫，方司叢林職務，要兢兢業業，截鐵斬釘，轍古人閫域，蹈佛祖樞機，當思楊岐保壽燈盞生薑，不可曲徇阿容任情取適……。」[53]

但是，本文要指出的是，鍾惺用功佛學，鑽研《楞嚴經》，是為了解決生命困惑，不是為了發揚淨土，也不是為了重啟戒律，正如許豸所說：「最後研精《楞嚴》，著《如說》十卷，即已明生死大關，登菩提之覺路，真可謂辯才無礙者矣。」[54]因此他更多的是，沿用了過

---

51 〔明〕袁中道：〈吏部驗封司郎中中郎先生行狀〉，《珂雪齋集》，頁758。

52 劉芝慶：《自適與修持——公安三袁的死生情切》，第三章。

53 江燦騰：《晚明佛教叢林改革與佛學諍辯之研究——以憨山德清的改革稱涯為中心》（臺北：新文豐出版公司，1990年）。劉芝慶：〈重探丈雪「即心即佛」之說〉，《從指南山到湯遜湖：中國的知識、思想與宗教研究》（臺北：萬卷樓圖書公司，2019年）。

54 〔明〕許豸：〈先師鍾退庵文集序〉，《隱秀軒集》，頁707。

去的主張，如前一節談到「寂」、「靜」等等的品質，從文學到佛學，
以文人之筆，死生情切，明自家大事，不可貿貿而去。鍾惺雖在與人
通信中，說自己過去溺于詩文，更有人要他廢棄此道，他一方面同
意，一方面又拔趙幟易漢幟，從自己的生存感受以及特質出發，將
「靜」歸宗佛學，完成了《楞嚴經如說》，希望藉此解決生命問題。
正如他與徐元歎通信，說：「然以此習靜，得一意精求佛法，心實德
之……。」「一以靜勝之，久亦或效。讀書學道，有得無得，或淺或
深，俱以身心日用、吃飯睡眠處驗之……。」[55]──雖然，這樣的觀
點，也是他與譚元春交往後往後期，彼此想法最大的差異。

　　首先，《楞嚴經》：「若悟本頭，識知狂走。因緣自然，俱為戲
論……」一段，鍾惺的解釋是悟也好，知也罷，都是歇狂妙訣。其因
何在？因緣自然，向外馳走，不能見本來面目，都是狂心妄作，只有
執狂心歇，菩提心才起。否則都只是戲論，「與本分事，了無交
涉。」[56]若然如此，當從何下手？鍾惺認為應該要擺脫動靜二分的執
念，他解釋「若從靜來。動即隨滅。應非聞動。若從動來。靜即隨
滅」一句：「動即有聲，靜即無聲。此唯有聞成性，即非虛空。」[57]就
歷程現象來看，可分動靜，如果用本體來說，就難分動靜。虛空的寂
然通感，即是靜（鍾惺也常說這是「淨」），強調此為如來藏性：「凝
然湛寂。如鏡之體。自色心諸緣。至唯心所現。則會妄歸真。如來藏
性已揭于此。」「上本如來藏妙真如性之義。既曰清淨本然，不應忽
生穢染器界。」[58]後兩卷亦有「出於淨性，淡泊寂淨」[59]、「而覺明之
體。常虛常靜矣」[60]的提法。塵緣上的動靜有分，與本體為靜為寂，

55　〔明〕鍾惺：〈與徐元歎〉，《隱秀軒集》，頁572、573。

56　〔明〕鍾惺、賀中男：《楞嚴經如說》，《卍續藏經》，頁422a。

57　〔明〕鍾惺、賀中男：《楞嚴經如說》，《卍續藏經》，頁407a。

58　〔明〕鍾惺、賀中男：《楞嚴經如說》，《卍續藏經》，頁416b。

59　〔明〕鍾惺、賀中男：《楞嚴經如說》，《卍續藏經》，頁475a。

60　〔明〕鍾惺、賀中男：《楞嚴經如說》，《卍續藏經》，頁486a。

並不矛盾，只是分類概念不同，是俗與聖的差異，也是過程與境界的區別。王陽明也曾有類似的思維，有人問王陽明關於動靜的問題：「明是動也，已發也，何以謂之靜？何以謂之本體？豈是靜定也？又有以心貫乎心之動靜邪？」王陽明就以「不睹不聞，無思無為」作為回答，這不是槁木死灰，而是」動亦定，靜亦定，體用一原也。」[61]一論良知，一說《楞嚴》，材料不同，內涵有別，思維頗可互通，也可由此理解。

學佛了生死，從寂靜中體會《楞嚴經》，才能明白鍾惺「舍妄歸真」，也才能了解他說自己：「根器本弱，修習全無，生死之際，便望受用，自是妄想。病苦逼迫，毫無實相，僥倖病起，五欲俱全，反增新業」[62]的甘苦。根器、六根，即是眼、耳、鼻、舌、身、意。《楞嚴經》所論，是以六入為根塵對辨，破除生理感官的執著，例如眼入明暗、聲入動靜、鼻入通塞、舌入甜苦、身入離合、意入生滅。凡夫俗子，迷餘塵緣，執著於此，不能自拔，沉淪苦海。更有甚者，以分別六識為心，更以自我之七識為心，以習性之八識為心，不知虛妄所在，迷失其中，以致沉淪苦海，深涉榛蕪，托足無門。[63]鍾惺對此，顯然深有體會，六塵緣起，而對六根有所接觸引發，妄任塵緣分別影事，眼觀而為色塵，耳聽為聲塵，鼻嗅為香塵等等，塵又生識，「六塵不同，牽生六識」[64]，從根到塵到識，因緣合和，固然化起萬物，

---

61 王陽明在其它地方也說過：有事無事，可以分動靜；寂然感通，也可以分動靜。可是作為「無善無惡」的心之本體、作為心體的良知，就不能分有事無事，亦無所謂動與靜。當然，王陽明所言，是以良知通乎天地之心，此處只是為了說明方便，藉用了這種思維解釋。關於王陽明動靜的問題，可見劉芝慶：〈歸寂如何經世——聶豹論良知〉，收於氏著：《經世與安身：中國近世思想史論衡》（臺北：萬卷樓圖書公司，2019年）。

62 〔明〕鍾惺：〈病中口授五弟快草告佛疏〉，《隱秀軒集》，頁590。

63 胡健財：〈《楞嚴經》「舍妄歸真」之身心體認與生命圓滿之追求〉，《生命教育研究》第3卷第2期（2011年12月）。

64 〔明〕鍾惺、賀中男：《楞嚴經如說》，《卍續藏經》，頁424a。

遍生大地，卻也起分別心，執障虛妄，巧立名目，橫生價值，餘然分別，導致無量苦惱，輾轉其中，他以黑白大小善惡等相，說明眼識與「名眼根用」的絕大差距：「識與根何分？姑以眼論，眼照境時，一念不動，如鏡中無別分折，此見性也，名眼根用。因循歷黑白大小善惡等相，餘然分別，即眼識也。由是次第標指，差別計度，即眼家意識矣，餘四例知。」[65]

因此，離塵脫識，乃生死大本：「此揀六識。經首破六處識心。是生死根本。」[66]話說回來，六根雖號稱有六，實際上總宗歸於身心，「如來藏不離六根也」[67]、「本如來藏妙真如性。求於去來迷悟生死。了無所得。」[68]可見，「心」或是「真心」是抽象，相對而言，「根」是具體，不要以根為心，也不要誤把心看作根，兩者不離不雜，相輔相成：「問云何是結？答以唯汝六根。問從何名解？答以亦汝六根。此就今日身心，確實指陳，離此更無結元，離此更無解處。」[69]如來藏妙明真心，正在此處，不住不染，卻正是染、淨諸法所依。[70]分開來看，是金針度與，實際上來說，是根或心，都是染淨

65 〔明〕鍾惺、賀中男：《楞嚴經如說》，《卍續藏經》，頁435b。

66 〔明〕鍾惺、賀中男：《楞嚴經如說》，《卍續藏經》，頁444b。

67 〔明〕鍾惺、賀中男：《楞嚴經如說》，《卍續藏經》，頁406b。

68 〔明〕鍾惺、賀中男：《楞嚴經如說》，《卍續藏經》，頁403a。

69 〔明〕鍾惺、賀中男：《楞嚴經如說》，《卍續藏經》，頁429a。

70 從唯識學的角度來理解，唯識云六識（眼、耳、鼻、舌、身、意），「我」與「法」皆是依識所變，第七識為末那識，功能在於思慮生起，常使六識產生妄惑，是為我執、我見、我慢、我愛四種煩惱，乃由六識所依；第八識阿賴耶識為種子識，又稱根本識，一切種子收藏於阿賴耶識中，有情眾生執以為內在自我，故名「藏識」，《攝大乘論》：「或諸有情攝此識為自我故，是故說名阿賴耶識。」阿賴耶識為藏識，含有各類種子，唯識宗也常以習氣為種子之異名，所以有時也將種子稱為習氣（vāsanā），即煩惱現行薰習所成的餘氣，習氣輾轉相成，招熟異果，所以有種子就會有果報因緣。要入證涅槃，就必須斷種子，就有以三自性為階序，轉煩惱為菩提，轉所知障證無上覺，《成唯識論》：「由數修習無分別智，斷本識中二障麁重，故能轉舍依他起上遍計所執，及能轉得依他起中圓成實性，由轉煩惱得大涅盤，轉

所在，生死涅槃，煩惱菩提，皆從如來藏而來：「生死涅槃，煩惱菩
提，皆是六根。更無他物，足為發明結元之謦欬。」[71]

由此理解，六根也罷，真心也好，既是痛苦繫鈴的根源，洗濯瑕
垢，也是開脫解鈴之處。親友情感，仕途達蹇、身體感受等等，入牢
牢，受羈縲，生憂畏，起煩惱，俱由此入，也由此出，正如《楞嚴
經》本文所說：「今觀世間解結之人，若不知其所結之元，我信是人
終不能解。」所以當生離死別、病痛襲來、人事糾葛之際，各種欲
望，難停難捨難分難斷，往往也是鍾惺的考驗之時，他之所以要以
「靜」、「幽」、「冷」、「寂」自處，之所以感歎自己「根器本弱」，都
是對生命難處與無奈的深刻體會：「欲貪、殺貪、盜貪，皆曰為本。
生死輪迴之本也。故知三界流轉，唯一貪愛。若斷貪愛，便出三界
矣」。[72]所以當譚元春說鍾惺以聰明妨禪，鍾惺立刻自覺：「文人而學
佛，愚哲或相兼。自有孤軍入，非將結習沾。寒暄須飲水，夷險在臨
岩。何夜寒河月，金針面語拈。」生死情切，修道參悟，如人飲水，
冷暖吾知，親行自說，想要明自家本分事，離塵緣，證妙境而契勝
諦，又談何容易？

所知障證無上覺。」攝論宗即據此成說，認為阿賴耶識是雜染，轉阿賴耶識，才能
轉染為淨，不過地論宗並不贊同，阿賴耶識應為淨非為雜，故地論宗南道，又另以
阿黎耶為第七識，真如為第八識，真如覺性才是轉阿賴耶識、斷滅種子的關鍵。可
是若就《大乘起信論》觀之，則阿賴耶識既是淨，又是染，因此在識之外，又立
「心」之說，指出心是阿賴耶識的一種狀態，既可能心起妄念，也可能離妄歸真，
於是便有一心開二門之說，正足以綰合上述諸點，所以法藏、元曉、見登才有了以
唯識學的理論，逐步充實如來藏的內涵，對「一心開二門」的架構，作了更完善的
解釋。賴賢宗：〈法藏《大乘起信論義記》及元曉與見登的相關闡釋〉，收於氏著：
《如來藏說與唯識思想的交涉》（臺北：新文豐出版公司，2006年），頁1-44。引文
見〔唐〕玄奘譯：《成唯識論》，收入《大正藏》（臺北：新文豐出版公司，1983-
1988年），第31冊，頁50c。

71 〔明〕鍾惺、賀中男：《楞嚴經如說》，《卍續藏經》，頁429a。
72 〔明〕鍾惺、賀中男：《楞嚴經如說》，《卍續藏經》，頁418c。

四　文人之生死

在晚明注意生死問題的意見氛圍中，鍾惺身屬其中，所思所見，受其影響，自不例外。本文要處理的問題是，對於死亡，所憂所慮，所恐所懼，所見所聞，究竟為何？該怎樣理解他的生死疑惑？相較於當時三教，或是其他文人超生越死，他的特色又是什麼？從這種生命感受進入鍾惺的文學視野，我們發現，他的文學主張，往往也是他強調生命品質，有了體驗，發乎文學，訴諸言辭。最後表現在他晚年好佛，精讀經典，並與人合著的《楞嚴經如說》。鍾惺以文士之筆代僧家之舌，既講行文之妙，看重卻是解脫罣礙，去執掃塵，破識顯根，直探生命最深沉的奧秘：生死大事。

只是，鍾惺學佛，精研《楞嚴經》的做法，譚元春並不贊成，他認為精神是對的，以靜求性命生死，選擇可謂正當。可是材料實在不妥，就他看來，佛於經世，用處大於生死。更何況文人學佛，以聰明妨禪，危險更大。遠的不說，袁宏道就曾痛悔年少輕狂，誤把佛學當成學佛：「弟少時亦微見及此，然畢竟徇外之根，盤據已深，故再變而為苦寂。若非歸山六年，反覆研究，追尋真賊所在，至於今日，亦將為無忌憚之小人矣。夫弟所謂徇外者，豈真謂借此以欺世哉？源頭不清，致知工夫未到，故入于自欺而不自覺，其心本為性命，而其學則為的然日亡。無他，執情太甚，路頭錯走也。」[73]

昔人不遠，歷歷在目，譚元春眼見鍾惺念佛參禪，耗費苦心讀經典，研究《楞嚴經》，既是擔心，也帶有批評，他認為鍾惺因為身世關係，過度沉湎，喪失判斷，溺佛求神，末俗紛紜更亂真，實屬無義。相反地，譚元春論詩著文，更借著與莊子的相遇，再次強調幽靜

---

73 〔明〕袁宏道：〈答陶周望〉，《袁宏道集校箋》（上海：上海古籍出版社，2008年），頁1276、1277。

的重要性，展現與鍾惺的不同的文本面向與思考路數，即便都希望能解決自己的生死疑惑。[74]

　　鍾惺對佛教戒律，修行或不篤實，也沒有如公安三袁，刻苦修行，在自適與修持之際，或痛悔前非，或見山又是山，見水是水。只是，也不能忽略的是，鍾惺研讀佛典，甚為用功，苦心殫思，焦慮甚多。他以另外的方法，不諱言根器薄弱，情感牽動，不能自己。但是，他克己復靜，希望以一直以來深信並踐履的信念與行為，從佛教義理，從《楞嚴經》中，探賾洞微，在出處、去就、辭受、取與之間，痿痾癒疾，明生死大事。因此，鍾惺就算以文人之筆，點評之法，完成《楞嚴經如說》，也不能否認他對佛學的理解，對《楞嚴經》的解釋，「蓋注者之精神，有能自立於所注之中，而又遊乎其外者」[75]，確實是幽遠義邃，見人所未見，頗為深入的。

---

74 譚元春的批評，大致可見〈洪山四面佛庵建藏經閣募疏〉、〈答鍾伯敬書〉。更進一步的詳細討論，可參劉芝慶：〈從文學到生死：譚元春的生命情調〉，收入本書。

75 〔明〕鍾惺：〈三注鈔序〉，《隱秀軒集》，頁291。

從文學到生死：譚元春的生命情調

一　被人忽視的生死問題：關於文人

中國傳統文化中的生死問題，論者已有許多。特別是晚明時期，諸如許浮遠、馮夢禎、馮夢龍、管志道、焦竑、楊起元、陶望齡、周汝登、李贄、劉宗周、袁宗道、袁宏道、袁中道、江盈科、尤侗、鍾惺、譚元春、蕅益智旭、憨山德清、隱元隆琦……等人，都對死亡提出自己的看法。他們的探索，或許不盡相同，立場亦異，可是由存在焦慮激發出的眾聲喧嘩，卻共同建構了晚明時期的重要議題——生死大事。

畢竟，人的一生，快則數十年，慢則百年，其間或成就功名，或經歷諸多挫折，「參究性命」、「學道了生死」始終是他們最關心的事，周汝登就說：「生死不明，而謂能通眼前耳目聞見之事者，無有是理；生死不了，而謂能忘眼前利害得失之衡者，亦無有是理，故于生死之說而諱言之者，其亦不思而已矣。」[1]鄒元標也說：「今之學者，不能超脫生死，皆緣念上起念，各有牽絆，豈能如孔子毋意、必、固、我」，[2]耿定向也表示：「先正云：存順寧沒，此是出離生死正法眼，未可以為儒生常談忽也。」[3]在他們看來，生死不再是不可談的禁忌，也不再是佛道的專門學問，他們體認到，生死是切實於人生，是生命最重要的課題之一，所以屠隆才要勸人「生死事大急回

---

[1]　〔明〕周汝登：《東越證學錄》（臺北：文海出版社，1970年），頁210。

[2]　〔清〕黃宗羲：《明儒學案》（北京：中華書局，2008年），頁570。

[3]　〔明〕耿定向：〈出離生死說〉，《耿天台先生文集》（明萬曆二十六年刻本），頁156。

頭」。[4] 既然如此，由怕死畏死的心態中，往往也能逼出「學道」的姿態，學道明性命以悟生死，學道的內容，也不限於某家某派，焦竑云：「古云黃老悲世人貪著，以眾生之說，漸次引之入道，余謂佛之出離生死，亦猶此也。蓋世人因貪生，乃修玄，玄修既徹，即知我自長生。因怖死乃學佛，佛慧既成，即知我本無死。此生人之極情，入道之徑路也。儒者或謂出離生死為利心，豈其絕無生死之念也？抑未隱諸心而漫言此以相欺耶？使果豪無悅生惡死之念，則釋氏之書，政可束之高閣。第恐未悟無生，終不能不為死生所動。」[5] 楊起元甚至認為聖人之所以濟世，正是起於怕死：「死者，人人所共怕也，聖人亦人耳，謂其不怕死可乎？」「凡聖人所以濟世之具，皆起於怕死而為之圖，此之謂不遠人，以為道也，而聞道以離生死，尤其濟世之大而舟楫之堅者，惟怕死之極，然後有之。」[6] 在學道離生死的目標下，偏於陽明學的人，或認可良知了生死之說；偏於佛教的人，或以為因果乃生死之事、研精《楞嚴》等佛典；偏於三一教者，又可能認同九序次第。如陶奭齡便是一例，他認為因果是生死的重要因素：「世惟不明于死生之說，故凶人力為不善，以傲聖賢，曰：『彼亦豈能長留于世，百年之後，同為塵土耳！』後儒又復力排「因果」，以助其驗，良可歎愾。慈湖《先訓》曰：『人皆有一死，而實不知有死，如知之，誰敢為不善。』」[7] 譚元春也說鍾惺「始終近日看內典，誦佛號，一月之中，齋食十五日，即吳姬亦已長齋，不食鹽酪，率其家人寫經誦經，不以死者為可傷，以生者為當悟，此實福實慧

4 〔明〕屠隆：《娑羅館清言》，收於《娑羅館清言‧續娑羅館清言》（北京：中華書局，2008年），頁17。

5 〔明〕焦竑：〈支談中〉，《焦氏筆乘（續集）》（北京：中華書局，2008年），頁312。

6 〔明〕楊起元：《太史楊復所先生證學編》（東京：高橋情報，1991年），頁56b-57a。

7 〔明〕陶奭齡：《小柴桑喃喃錄》（國家圖書館藏，明崇禎間吳寧李為芝校刊本），頁34。

也。」[8]又或是深信西方淨土之說，甚至也有人認為酒色不礙菩提，放逸亦可助性命……，如此種種，所在多有。[9]

本文的研究，其實也是在成果累積的基礎上，結合晚明思潮，再行開發一個可能的面向，即是竟陵派的生死學，但因應主題與篇幅，本文且以譚元春為主角，分析：他如何思考死亡？他使用的思想思源，又是為何？他如何面對活著？活著又如何解釋了死亡？是否可能聯繫到他的文學觀？而死亡與文學，又來自於哪些更基礎的東西？

順著這樣的思路，我們意在指出，譚元春許多的文學主張，根本源自於他的存在感受，由詩而人，以人論詩，藉此撫頓自己，安身立命，並解決生死問題。換言之，譚元春的文學觀，其實與他的生命關懷，他企圖追尋的精神境界，息息相關。況且，在當時說談死的「意見氛圍」中，譚元春也不可能無動於衷，他也是用這樣的解釋與關照，直面自己生命困惑，並嘗試面對自己的結局：「向死的存在」。

二　理解譚元春：面對生死的知人論世

如上所說，主角譚元春，字友夏，湖廣竟陵（今湖北天門）人，自然也在這樣的思潮氛圍之中。一般說來，他與鍾惺等人，合稱「竟陵派」。譚元春年紀輕輕，聲名已遠，英姿風發，才氣狂氣並具，對世俗文風，多有不滿，議論江山，更是指指點點。而與鍾惺的結識，相知相惜，傳為佳話。彼時鍾惺三十六、七歲，得中進士，鋒頭更健，兩人的合作，魚幫水水幫魚，相輔相成，譚元春就說：「予與鍾子交……循省情事，每別必思，思必求聚，將聚必倚檻而待，聚必盡其歡，歡必相莊：片語出示，作者斂容；一過相規，傍人失色。于是

8　〔明〕譚元春：〈答鍾伯敬書〉，《譚元春集》（上海：上海古籍出版社，1998年），頁773。

9　劉芝慶：《自適與修持──公安三袁的死生情切》，第一章。

天下人皆曰：『此二子真朋友也。』客有善譖者，鐘子笑應曰：『吾兩人交，所謂雖蘇、張不能間也。』」[10]可見二人情真意切，知己互訴。

但是，少年才俊的譚元春，科考卻不順遂，前途未必光明一片，天啟四年（1624），曾以恩貢上京，卻未能登第。相較於他的弟弟，甚至是鍾惺等人，譚元春奔波在功名考試，氣餒失敗，再接再厲，所在多有。年過四十，天啟七年（1627），終於通過鄉試，考中舉人，此時母親卻離世，鍾惺更是早在兩三年前已死，功名終於得意，平生願望得遂，不料舉目四望，至親摯友皆已不存，淒涼、寂寞與橫逆，這些感受，都表現他的詩文中，更確切地說：他這時對生命的體會，世事無常，莫可奈何，人事之離散，歡聚之短逝，想必是更為深刻的。

譚元春在〈退谷先生墓誌銘〉，說鍾惺：「年四十八九，始念人生不常，佛種漸失，悲淚自矢，以為讀書不讀內典，如乞丐食，終非自爨，男子住世數十年，不明生死大事，貿貿而去，一妄庸人耳。乃研精《楞嚴》，眠食藩溷，皆執卷熟思，著《如說》十卷，病臥猶沾沾念之，曰：『使吾數年視息人間，猶得細窺妙莊嚴路也』。」[11]吾人在世，不明生死大事，只是妄人庸人。其實，鍾惺如此，譚元春自己又何嘗不是？例如他對於父親的死亡，隨著時間流逝，傷痛或許撫平，懊惱卻與日俱增：「我父之去也八年矣。始無影，既而有影矣；始無響，既而有響矣；始無夢，既而有夢矣」「嗚呼！父在日，何事不請，何狀不悉，而今乃須于不可知之夢乎！雖夜夜夢，雖夢夢驗，有何益乎？嗚呼痛哉！」[12]這種悔恨，是對過往的質疑，「身經世事荊榛路」，[13]婚宦、名利、制舉等等，對世俗價值的省思，都是由面臨死亡所引發的：「父去後，而于婚宦田舍之中，迷戀者少，獨名根深重，

---

10 〔明〕譚元春：〈喪友詩三十首〉，《譚元春集》，頁425。

11 〔明〕譚元春：〈退谷先生墓誌銘〉，《譚元春集》，頁682。

12 〔明〕譚元春：〈告亡父文〉，《譚元春集》，頁845。

13 此為譚元春送黃美中詩。〔明〕譚元春：〈黃美中從蘄水遠過〉，《譚元春集》，頁400。

不敢欺以地下。兒遠游動一年半年類忘家者，兒不盡以心力制舉類忘訓者。」「兒觀此八年之中，哭我父者，人又以哭之，悼我父者，人又以悼之，感歎于我父之遺言往事者，人又以感歎之。世寧有百年人哉？石火電光，幻境幻情。兒讀古人書，豈不明此理？然而為人子者，何忍為此言？嗚呼痛哉！」[14]

因此，年少時漫不經心，閱歷愈長，親人離世，友朋凋零，對死亡經驗的體會，竟也淪肌浹髓，感受到恐懼、憂怖、懷疑與不安：「弟之不能學道，在弱而好弄，老而不衰。生平貪戀光景，極知光景朝暮更換，而實有所不能舍也……我輩亦有清靜時，萬念歇下，覺此事不謬，而少頃事煩人雜，可笑可樂，神疲力倦，性命無歸，未嘗不悔，而卒無一法遠此塵垢。」[15]「朱實兄舟櫬茫茫自夏口至，予雖久知生死倏忽，不欲以哀樂自纏，至此何能不慟？」不欲以哀樂自纏，卻無法遠此塵垢，可是明知生死倏忽，死生事大，逼人而來，又該如何？

[16]海德格曾說人是一種「朝向死亡的存在」（向死的存在，das Sein zum Tode），[17]正如許多研究者指出，海德格的死亡哲學，並不是將死亡作為狀態（existenziell），而是將死亡看成一種生存論（existenzial）上的問題——什麼樣的生存呢？海德格認為人是「緣在」（Dasein）的，[18]原始性的「我」，是與世界不可分割，而不是獨立於外的東西。故緣在的本身，即意謂著生存境遇，用海德格自己的話來講，就是

14　〔明〕譚元春：〈告亡父文〉，《譚元春集》，頁847。

15　〔明〕譚元春：〈答李長叔表兄〉，《譚元春集》，頁783。

16　〔明〕譚元春：〈告李朱實文〉，《譚元春集》，頁738。

17　〔德〕海德格（Martin Heidegger）著，陳嘉映、王慶節合譯：《存在與時間》（北京：生活・讀書・新知三聯書店，2012年），頁277、288。

18　此為張祥龍譯法，張祥龍將「Dasein」譯為「緣在」（一般多譯為「此在」）的原因，可見張祥龍：〈「Dasein」的含義與譯名（「緣在」）——理解海德格爾《存在與時間》的線索〉，《普門學報》（臺北：佛光山文教基金會）第7期（2002年1月），頁1-15。

「我們自己總是的那樣一種是者或存在者」，因為人的本性問題，人的本身就是一個存在論的問題（即「是」者），因為人這個存在者本身，在他的存在之中就會牽涉到存在本身，緣在就是「它的存在者身分上的特長在於：這個存在者在他的存在中是為了（um）這個存在本身而存在」，緣在與存在是互相牽引互相構成的，緣在已「在它的存在之中」，卻又「牽涉到這個存在本身」，在這個意義上，緣在可以是「一個整體」，就表現在向死的存在之中。順著這個觀點，人從出生到死亡，緣在的死亡似乎提供的只是時間上的結束或終極（Ende），但如果緣在到達死亡，不過就是一個屍體的存在者而已，這是醫學家、人類學家等關心的對象，哲學要處理的不是這個問題，而是緣在經歷死亡（懸欠著的整體）的解釋，這就是海德格所謂的「向死的存在」，緣在並非到了盡頭才是死亡，而是從生存於世的那一刻起，就活在死亡這個不可避免、不能閃躲的必然之中。[19]

只是死亡的來臨是確切的，死亡的具體日期卻不可預知，故人是被拋擲於世，來到世界中，「緣在」正是走向死亡的存在。死亡的意義，也只能在向死的可能性之存在中，才能開顯，因此可以說死亡是從生命的負向處來策應人生，死亡是活著的豁顯。[20]否則的話，就如 Hurbert Drefus 所說，不能體認向死存在的「緣在」是無力、無能而且不安的，因為這是人被拋至世間，並缺乏自我規畫的情感狀態，在這種境遇中，對於未來人將無法創造任何切身的可能性。[21]譚元春自己的一段話，頗可為此注解：「予幼失嚴君，長無嗣息，惟五弟三。孀母不免勤苦，予以長子佐力于外，雖鮮克盡道，然過耳縈懷。似半

---

19 張祥龍：《海德格爾思想與中國天道：終極視域的開啟與交融》（北京：中國人民大學出版社，2011年），頁82、102-106。

20 陳俊輝：《海德格論存有與死亡》（臺北：臺灣學生書局，1994年），頁25、49-50、77-78。

21 Havi Carel, *Life and death in Freud and Heidegger* (Amsterdam; New York: Rodopi, 2006), pp.79-80.

生沈淪婚嫁中，不復堪自作尚平矣。嘗置妾，三年不子。即遣之。所
遣妾，輒生子他處。始知身不宜男，不當歸過婦人。」[22]譚元春從喪
父，慈母辛苦拉拔，卻又長年在外，追求功名，科考未成，娶婦納
妾，又難生兒子，如此種種，都造成了他的心理壓力，所以諸如〈告
亡父文〉中的懺悔告解之詞，多是他生命感受的深刻發揮，即便有相
知的朋友，有親人的關愛，上述所言的傷痛與遺憾，對世間的許多渴
望與不圓滿，被拋擲的滄桑之情，無可奈何的飄零感，如影隨形，浸
潤入骨，頗類似海德格所說的「沉淪」（verfallen），根基已失、有機
事而有機心，受到塵俗各種價值支配。

　　再者，人往往因為某些因素，有意或無意間，對死亡的可能性，
視而不見。就自己而言，死亡儘管是可以確知的，死亡卻總是別人的
死亡，是他人的事，而非自己「親自」經歷，因為不是自己（自己的
生命、身體），所以才可能出現如卡謬（Albert Camus）《異鄉人》之
類的流浪、失落、漂泊與荒謬。正是因為這個緣故，反而掩蓋了自身
的向死存在，以為自己與死亡無關，或是逃避問題，顧左右而言他。
死亡的可能性，就此閃逝在我們的視域中，我們失去了對於死的理解
與認識，正如雅斯培所講：「人人面臨死亡，不過既然我們不知何時
會死，也就這樣活下去了，彷彿死亡根本不會到來一樣。作為有生之
物，我們本不相信死，儘管死亡對於我們來說是千真萬確的事。」[23]
反過來說，我們也可以因此逼近死亡，直面死亡，思考死亡，從他人
的死亡中得到反思，警惕生命，譚元春正是如此，他在對楊弱水的哀
詞就說：「嗚呼！貝葉蕊珠之字，不可得而見矣；桃花魚舟之約；不
可得而聞矣。手輟流水之弦，臆沾開篋之淚，溪山落落，鄉國兀兀。

22　〔明〕譚元春：〈迎浦兒詞〉，《譚元春集》，頁123-124。
23　〔德〕貝克勒（Franz Boekle）編，張念東等譯：《向死而生》（北京：生活・讀
　　書・新知三聯書店，1995），頁153。

嗚呼惜哉！」[24]對於鍾惺，〈喪友詩三十首〉，有更多的追念，感慨叢生，並因此聯想到自身，[25]這些體會，都讓譚元春經歷了死亡，活著的他，對於死去的人，除了緬懷之外，更多的是逼出了自己終將面對的大問題：生死情切。

就像他在〈金正希文稿序〉中的批評與自省，許多少年才俊，不把自己的才能發揮到正確的地方：「而不暇自伸其才力雄魄，以爭奇人魁士之所不能致；又不暇自理其喧寂歌哭，以挽神鬼人天之所不能奪」，只是跟著世俗的價值，於今人易售之路，自以為大道，日夜艱瘁，燈寒齏苦，孜孜矻矻，為制科之文，委心力以求，這種追尋，與人世聲色財貨，又有何差別？耗心力於舉業，功成顯親，看似得美名，其實也是人世嗜欲。所以他才稱讚金正希的文章，不同於制科，而是有真才實學，文如其人，才是真正有志性命者：「其欲為古文字，則將舍此而別有古文；苟真有志性命也，不舍此將無以學道。」但是，金正希文章的出眾，不只是因為不同於一般時文制藝，而是他的生命品質，有以致之：「金子年少深默，冷面隔俗，每披其帷，或俯而翻書，或仰臥而思其曲折、追其微茫，自尊其性靈骨體，以冒乎紙墨之上，任其所往而不欲收也。」[26]文中所提，深默、冷面云云，都是譚元春讚賞的地方。

從文學到生死，作文如做人，修身就是文章，譚元春面對死亡的逼人而來，他的生命感受，其實也就是他的文學主張，也是他理想中，面對死亡的處理嘗試。

---

24 〔明〕譚元春：〈遣奠楊弱水先生哀詞〉，《譚元春集》，頁851。

25 〔明〕譚元春：〈喪友詩三十首〉，《譚元春集》，頁425-432。

26 〔明〕譚元春：〈金正希文稿序〉，《譚元春集》，頁630。

三　剖析譚元春：面對生死的生命安頓

　　文學研究者，談及竟陵派的文學觀點時，多引《詩歸》序的話：
「真詩者，精神所為也。察其幽情單緒，孤行靜寄于喧雜之中；而乃
以其虛懷定力，獨往冥游于寥廓之外。」此文雖為鍾惺所做，卻也是
譚元春的主張，畢竟譚元春也有許多類似的言論，故可視為鍾譚的共
同想法。

　　這種「幽深孤峭」、「虛懷靜衷」、「幽情單緒」、「孤行靜寄」的內
涵，究竟該怎樣理解？正如陳廣宏所指出的，鍾惺、譚元春等人崇尚
的這些原則，雖說是本然知性所賦予，是要洞察自然界所承載的宇宙
本體博大恆定之玄理，卻也強調習得經驗，內省體知，甚至近乎神秘
的程度。[27]只是，所謂的「神秘」，雖難以細表，而得意忘言，嘗試用
語文述說者，所在多有，神秘，Mysticism 早期如鈴木大拙等人，譯
為神秘主義，近來也有人譯為「密契主義」、「冥契主義」。這種悟道
式的神聖感受，歷來學道修道者，遍及三教，或是三教之外者，這類
的寧靜體驗，十字打開，調適而上遂，更是為數不少，尤以晚明最受
研究者重視。[28]

　　鍾惺、譚元春的說法，其實也是強調萬物／自然，人／天，世俗
／方外，讀者／文本的相處同融共讀體知，例如譚元春〈再游烏龍潭
記〉：[29]

　　　潭宜澄，林映潭者宜靜，筏宜穩，亭閣宜朗，七夕宜星河，七
　　　夕之客宜幽適無累，然造物者豈以予為此拘拘者乎？

27　陳廣宏：《竟陵派研究》，頁425。

28　陳來就曾以心學家為例，分析這類的感受體知。陳來：〈心學傳統中的神秘主義問
　　題〉，《有無之境：王陽明哲學的精神》（高雄：佛光文化，2000年）。

29　〔明〕譚元春：〈再游烏龍潭記〉，《譚元春集》，頁557-558。

本篇文章廣受研究者引用，多用來闡明竟陵的文學主張。一開頭就說，萬物靜觀皆自得，文章的一段，潭元春用「澄」、「靜」、「穩」、「幽」、「無累」，來說明一種內心與外在環境的安諡，相知相得，所形成對萬事萬物的透視感，徹上徹下，獨與天地精神之往來。值得我們注意的是，此類孤獨感，雖說是與外境相映發，卻又是從世俗中產生，而非隱居生活，遠離人群。因為〈再游烏龍潭記〉所記，其實就是潭元春這類的文人，與女子或戲子出遊玩樂所作的小品文章，譚元春在裡頭花了許多筆墨，形容女子（文中稱之為「姬」[30]）遇雨時的神情動作，因此所謂的「虛懷」、「幽情」等等，不可能在真空的環境中產生，也不是單純的美感世界，往往是與世俗的各種價值相表裡的，「孤行靜寄于喧雜之中」。差別在於能否深入觀看，以澄靜知心，處世游戲，既入世又出世：「游戲即三昧也。游戲于人我，則自他融；游戲於世、出世，則身土參；游戲于筆墨，則作者自快，而觀者朗，作者有本末而觀者同性情。夫游戲者，亦游於戲之中，而非戲也。魚游于沼，蟲游于壁，鳥游于空，客游于溪山，皆游于戲中而不覺者也，不覺之謂三昧也。」。[31]

　　正因為世俗的喧鬧吵雜，身處其中，寂然凝慮，獨得事物自然等幽孤之境，淨衷不妄，貴在虛靜，就更顯得超然與重要：「桐葉不妄落，靜待秋光入。」[32]「幽魂銜秀姿，紛紜白其所。竹既善為取，月亦善為與。取與無間然，寒光相爾汝。」[33]四時更變化，歲暮何速，人生匆忙，花開花落，而桐葉靜待，不疾不徐，自任其自己；又或是竹月無間，彼此取與，要發現宇宙的奧秘，要神入自然的冥契，我們

---

30 明代江南地區，也稱婦女為「姬」，可是文人在遊記中，描寫作陪的伴遊，恐非一般民家女婦，應該是妓女或優人。可見巫仁恕：《遊道：明清旅遊文化》（臺北：三民書局，2010年），第七章。

31 〔明〕譚元春：〈游戲三昧序〉，《譚元春集》，頁642。

32 〔明〕譚元春：〈立秋日寄答茅止生〉，《譚元春集》，頁65。

33 〔明〕譚元春：〈和伯敬竹月詩三首之三〉，《譚元春集》，頁60。

就必須「靜衷澄遐觀」。[34]在虛懷靜衷、孤行靜寄的境界召喚下，在幽深孤峭、幽情單緒的徹悟之下，繁華落盡見真淳，春去秋來，物換星移，青青翠竹，盡是真如，鬱鬱黃花，無非般若。在世俗奔波中，透露著冷峻的清醒，跟穿透的視野，在炙熱的紅塵裡，以當時許多人的眼光看來，「人間多少熱忙人」、[35]「鐵城焰裡熱忙身」，[36]出現一處洌泉，或是一座空山，默默地，靜謐地，冷幽地，他就在那裡，等著我們發現：「此情抱幽獨，遂通志氣人」[37]「山性與人性，所合在依稀」，[38]這就是詩性精神，「然則是詩不惟移人性情，並移人歲月」[39]，歲月靜好，性情漸染，然後綜觀萬古興亡、物換星移、奔波熱忙，就像西方哲人說的：人類一切吶喊，一切掙扎，在眾神眼中，都只是一片永恆的寧靜。[40]

譚元春如此作詩，更是以此評詩，陳國球稱為：「達到禪寂的境界，更能深於情」，鍾、譚二人評李商隱〈房中曲〉就說：「苦情幽豔。情寓纖冷。」鍾惺對王維〈西施詠〉，也說：「情豔詩到極深細、極委曲處，非幽靜人原不能理會，此右丞所以妙於情詩也。彼以禪寂、閒居求右丞幽靜者，真淺且浮矣。」依照陳國球的解釋，所謂「禪寂」、「閒居」、「情豔」都只是表面，鍾、譚等人要挖掘的，是更深層的「幽靜」，這也是從語言結構的配合，來讀來寫「豔詩」，既能

---

34 〔明〕譚元春：〈新月〉，《譚元春集》，頁57。

35 〔明〕袁宏道：〈蕪湖舟中同范長白、念公看月（其三）〉，《袁宏道集校箋》（上海：上海古籍出版社，2008年），頁868。

36 〔明〕袁宏道：〈戲贈死心和尚，死心以秀才出家〉，《袁宏道集校箋》，頁669。

37 〔明〕譚元春：〈黃鶴樓下觀徐子卿明府所制太白堂及移致湧月臺諸跡呈成都朱公〉，《譚元春集》，頁68。

38 〔明〕譚元春：〈山謠行〉，《譚元春集》，頁48。

39 〔明〕譚元春：〈劉小鴻詩引〉，《譚元春集》，頁645。

40 錢鍾書曾說此種狀態，與西方古神秘宗師「孤子與獨一之遇合」（la recevoir seuleà seul；fuir seul vers lui seul），「或擯萬事，息萬籟，始聞心聲而聆神告。」頗可類通。錢鍾書：《談藝錄》（臺北：書林出版公司，1988年）。頁591。

免俗豔之濫,更能追求「豔」以外的深意。[41]歐麗娟也以鍾惺評王維為例,闡明幽靜之理:「王維的情感不但是豐沛,也是深刻的。『深刻』使得情感不會一味地任意向外抒發,而會翻轉過來向內蓄積含斂,因此在表現形式便反而似乎帶有平靜的外觀。」

當然,如前所言,此絕非文學作品的表現而已,就他們看來,更應該是一種獨特的生命情調,譚元春在給友人的信中就說:[42]

> 楚江靜對,深增意智,知先生淵淵穆穆,有一部絕妙詩文在無字中。承寄〈使岷詩〉,幽有響,清有照,孤耿而有不可撼之力。「詩如其人」,非虛語也。

人不能無詩,詩也不是外於人的。人,根本可以是詩,所以才說:「有一部絕妙詩文在無字中」,這類作者,詩如其人,理融而情暢,創作獨具特色,就是幽清、孤耿。就因為文學必定與生命相關,為人與為文,不能二分,所以他極為佩服蔡清憲:「古今文人,卑者無足論,即興會標舉,踔厲風發,聲爛爛然,自謂名下士,吾為之慚甚;俊異文雅,芳流不歇,便自以為不俗之人,吾為之慚甚。山谷老人謂大節不奪者,乃真不俗。……嗚乎,世固安有名士與不俗之人哉?惟吾敬夫先生,始可以盡瘁為名士,始可以山嶽之性拔去俗根。而亦必真如先生名貴不俗,始能使詩文之氣充滿天地之間,而決不至隨荒煙野草而散去。」[43]類似的觀點,也出現在〈王先生詩序〉:「王先生之為性情也,人驚以為癖,相隨而議之,惟春與其里之袁子不覺也。以其不覺者,而求王先生之性情,是亦古人之性情矣;以其所覺而驚、

---

41 陳國球:《明代復古派唐詩論研究》(北京:北京大學出版社,2007年),頁249-255。歐麗娟:《唐詩的多維視野》(臺北:五南圖書出版公司,2018年),頁12。

42 〔明〕譚元春:〈寄凌茗柯〉,《譚元春集》,頁877。

43 〔明〕譚元春:〈蔡清憲公全集序〉,《譚元春集》,頁591。

驚而議者，而王先生之性情，于是乎益古人無疑焉。」「王先生之性情既已如此，而予又與之復述故聞曰：詩以道性情也，則本末之路明，而今古之情見矣。」[44]詩以道性情，名士與不俗並非分隔，實為一體，都說明了譚元春的文學主張，不是單純訴說詩風或是詩境，也不是專講為文之法，而是就生命感受來說的。生命的情調，諸如「幽深孤峭」、「虛懷靜衷」、「幽情單緒」、「孤行靜寄」，就他看來，恐怕也是面對生死最好的處理方式。

這種處理方式，這種生命感受，促使他對死亡困惑，嘗試提出解答，也表現在晚年的《遇莊》。《遇莊》大概成書於五十歲左右，但非一朝一夕，靈感突發，而是多年心血，所思所慮，積累而成。[45]當然，莊子書中諸多玄妙、奇瑰，又充滿曲折辯證的寓言哲理，對生死的理解，都吸引了譚元春。[46]

書中，他借著與莊子的相遇，再次強調生命品質的重要性，〈閱在宥第十一〉：[47]

> 大道要語，不外廣成空同之言。《莊子》寂寞恬憺根珠，全藏于〈在宥〉之篇，其篇惟莊子所廷神結想無礙也。

〈在宥〉為外篇，是否為莊子本文所作，尚可再論。[48]而寂寞恬憺云

---

44 〔明〕譚元春：〈王先生詩序〉，《譚元春集》，頁613。

45 謝明陽：〈竟陵派詩學視野中的《莊子》詮釋──譚元春《遇莊》論析〉，《臺大中文學報》第36期（2012年3月），頁7。

46 莊子書中，充滿許多神話思維，與古道術息息相關。對宇宙奧秘的探問，自然也包括了生死等大哉問。關於莊子與古道術的關係，可見楊儒賓：《道家與古之道術》，新竹：清華大學出版社，2019年。

47 〔明〕譚元春：《遇莊》，《譚元春集》，頁912。

48 學界對此頗有爭論，目前學者多把內篇視為莊子本人作品，外、雜篇則為莊子後學合集。可是根據出土文獻的比對，外、雜篇未必晚於內篇，其中某些篇章也可能是由莊子所作，因此這個問題恐非一時可以解決。況且就整體而言，《莊子》絕大部

云，顯然是譚元春向來關注的感受，此外，他稱讚〈天運〉，更是把這種內涵，結合《莊子》的語句，說得淋漓盡致：[49]

> 天下眇密幽昧之裡雖多，……。曰：「流光其聲」；曰「蟲始作，吾驚之以雷霆」；曰「塗郤守常，以物為量」；曰「鬼神守其幽」；曰「逐之而不能及也」；曰「若混逐叢生」；曰「布揮而不曳，幽昏而無聲」；曰「或謂之死，或謂之生；或謂之實，或謂之榮」；曰「行流散徙」；曰「天機不張而五官皆備」。真所謂細若氣，微若聲，吹息裏於高深，緘滕付之鬼神。

細若氣，微若聲，又或吹息，又曰緘滕，都是在強調靜默的力量，無言不是不語，無聲不是絕境，無知更不是愚蠢，不是單一，不是索然無味的格式與了無生意的死局，而是默會的多元豐饒，是無限的熟達：「既愛溪無限，又愛溪如隔，往來由此熟，冥然入心跡」。正如法國詩人維尼的《狼之死》（*La Mort du Loup*）：「唯沉默偉大，其餘都是貧弱」（Seul le silence est grand; tout le reste est faiblesse），因沉默而偉大，人的生命，也因為幽靜等內涵，充滿生機，既是無限，又能有隔，方可契會天地，冥然入心跡。

也只有這般閱讀《莊子》，進入《莊子》，邂逅與相遇，在靜默之中，在寂然之刻，才能理解《莊子》，明生死大事：[50]

> 此《莊子》參。何謂《莊子》參？《莊子》之言曰：「道無

分可視為莊子學派的代表是沒有問題的，其中局部或有孤立與矛盾的言論，亦可視為其學說的後續發展。劉芝慶：《修身與治國——從先秦諸子到西漢前期身體政治論的嬗變》（臺北：花木蘭出版社，2014年），頁103。

49 〔明〕譚元春：《遇莊》，《譚元春集》，頁914。

50 〔明〕譚元春：《遇莊》，《譚元春集》，頁920-921。

間，間無應。」未有真稿燃兀然，同于土木者，是許人以參矣。參之門，茫茫無際，的的有歸，如禪家宗風。……。參者，不論何時何地何語，何人相對，但我無思無慮，無處無服，無從無道，無視無聽，澹而靜，漠而清，調而閑，恍恍冥冥，梅梅晦晦，至于榻穿石窖，柯爛桶脫。有一日焉，如泉脈初動，如雷乍響，如醉僧顛不止，如入水人笑不止，生死大事忽明，㘞解裘墮，便足酬莊先生一片救度婆心也。

如前所言，無思無慮，無處無服，不是「真的沒有」。無，蘊藏了無限可能，生機勃勃，泉脈初動，如雷乍響。就譚元春的說法，這種無，是一種「澹而靜，漠而清，調而閑」的精神狀態，人要如此參，要以此悟入，才能明生死大死。對於這種「恍恍冥冥，梅梅晦晦」的經驗，精神狀態，我們不妨借用一段話，以作本節結束：[51]

密契狀態是對於推論的理智所無法探測之深刻真理的洞悟。它們是洞見、啟示，雖然無法言傳，但充滿意義與重要性，通常對於未來還帶著一種奇特的權威感。當我獨自走在海邊時，這些解放與調和的思潮向我蜂擁而來；現在，又一次，就像很久以前在道菲納的阿爾卑斯山，我有一股跪下的衝動，這一次則是跪在無邊無際的海洋、無限的象徵之前。我以前所未有的方式祈禱，現在我才知道真正的祈禱是什麼：就是從獨我的孤寂回歸到與萬有合一的意識，跪卜時猶如死者，起身時已如不朽之人。陸地、天空與海洋共鳴，彷彿圍繞世界的大協奏曲。這就像所有以往的偉人在我周圍合唱。

---

51 史泰司（Walter Terence Stace）著，楊儒賓譯：《冥契主義與哲學》（臺北：正中書局，1998年），頁456。

阿爾卑斯山也好，海邊也罷，這種類似祈禱的講法，陸地、天空與海洋共鳴，從獨我的孤寂回歸到與萬有合一的意識。如果用譚元春自己的話來講，不論是月明星稀，還是林映潭深，在天地萬物自然景觀中，幽情單緒，孤行靜寄，虛懷定力，冥游於寥廓，「淨衷澄遐觀，漠漠天外尋。良久乃可得，月魂一縷深。」[52]恍恍冥冥，梅梅晦晦，最後，如雷乍響，「生死大事忽明」！

四　結論

　　鍾惺晚年好佛，勸譚元春多讀佛經，特別是《楞嚴》，想藉此了悟生死。譚元春不忍拂老友之意，雖也認可佛經之說，但對鍾惺的做法，還是有些規勸。就他看來，佛於經世，用處大於生死：「予以為全藏者，佛所以輔帝王治天下書也。」「有人焉，身口意能淨，貪嗔癡能滅，殺盜淫能息，而太平之治，官司之守，可以不勞而化矣。」[53]而文人學佛，因為自恃才氣，都以成佛為主，結果執著愈多，期望愈高，離佛愈遠。炎熱之心一起，不能清又不能幽，結果本末倒置，離死亡愈近，就愈害怕。愈貪生，愈失態，反而比起平常人更不如、更差勁：「若文人熏修，非不篤實專壹，以成佛為期，而不知我之篤實專壹，必欲以成佛為期者，是其聰明之所為也。真聰明之所為，能使己不用聰明，而但恐聰明與福慧雜居，不用聰明之意，又與聰明雜居，有時福慧來，而未免有一習見習聞之物，亦如琉璃光與之相參相映，相為無窮。則其寫經也，最便于文人之手；其誦之也，便于文人之口；而其熏修苦行、身土相參也，便于文人之志氣才力。聰明之用日新而不已，聰明之局欲結而未能，而生於聰明而死于聰明而已矣。至于死而從前以成佛為期之願有所不暇遂，其傷生惜死之態，反不及

52　〔明〕譚元春：〈新月〉，《譚元春集》，頁57。

53　〔明〕譚元春：〈洪山四面佛庵建藏經閣募疏〉，《譚元春集》，頁589。

凡夫之從容者，豈不篤實專一、期于成佛者哉？而死多如此，何能無愧？」⁵⁴

譚元春並不反對佛教，不過要他以佛經解脫生死，他還是想從各種思想，多種宗教資源中，抽繹出最核心，可能是最普遍，卻也是最獨特的精神境界。說是普遍，是可能出現在三教等學理；說是獨特，自然也是非人人都能達到，恐怕只有少數人能領悟的狀態：⁵⁵

> 古今文章之道，若水瀉地，隨地皆瀉。常窟穴于忠孝人之志、幽素人之懷，是二者皆本乎自然。而文章之道，恆以自然為宗，使非貞篤恬淡之人，諷高歷賞，光影相涵，雖甚勤心，亦莫得而取之。

貞篤恬淡云云，與上引《遇莊》「寂寞恬憺」，是一樣的意思，同義反覆。這篇文章，譚元春看似說的是古文，文中講的都是該如何學習古文的精神，懂古人之心，所以他才說：「古人之文，不可及矣。生其後者，無可附益，不能端居無為，必將穆其瞻矚，暇其心手，出吾之幽光積氣，日與賞延。或不能無去取其間，久之成一書。而是人性情品徑，已胎骨於一書之中……」，說到底，還是生命情調與品質的問題，這才是他要的「無所為古內古外」：

> 予嘗諒天下之人，其虛衷而從事于變移之途者，非盡虛衷也。才足以變，不必止于其所也。其拾取于先輩，莊守其故物，而不思一變，且以變為非者，非盡自滿也，中實有所愧恨，但才不能變。以為吾既不能變，而示人以欲變之意，不可；多人以

54　〔明〕譚元春：〈答鍾伯敬書〉，《譚元春集》，頁773-774。

55　〔明〕譚元春：〈古文瀾編序〉，《譚元春集》，頁616。

善變之能，又不可。不得已而安其舊，以笑天下之變者也。
嘗憶楚先達有言曰：「吾不復作詩。」聞者愕然。先達曰：「吾
頃在世務中，日不暇給，何敢言日新？夫新者不得入，即舊者
複將出。」予常悚然念其言以自勉。

才力不足，有所愧恨，故以變為非；可是自己不能變，故弄玄虛，示
人以變，不可；以善變為能事，也不可，這些都是不能真的做到虛衷
之緣故。「弇州諸先生力追乎古以為古，石公游千古之外以追乎古；
今二三有志之士，以為無所為古內古外，而清明在躬，志氣如神，即
古人之用意，下筆俱在是。」[56]王世貞等人求古以學古，石公即袁宏
道，他又出古以學古，其實，拆了門檻便無內外，只有虛衷，清明在
躬，志氣如神，既能幽情，又可虛靜，古不古，根本不是問題，這才
是生命中應該要追求的境界。學者可以在「佛」中追求，也可以在
「古」中尋得，在「莊子」中，亦可多見。以此類推，舉一反三——
死生大事，悟生了死，何必只沾一味？又豈有某家某派獨得之秘？

---

56 〔明〕譚元春：〈古文瀾編序〉，《譚元春集》，頁616。

「情不能不因時爾」
──王夫之情論詮義

一　以情為生：研究的一個起點

　　明末清初的重要思想家王夫之，字而農，號薑齋，又號夕堂，或署一瓢道人、雙髻外史，自署船山病叟、南嶽遺民。晚年時，不復出山，隱居於石船山麓，世又稱船山先生，學界多以王船山稱之。著作繁多，牽涉範圍亦廣，其生平與思想，廣受學界重視。就哲學史或是思想史的進路來看，分析王夫之的人性論、史觀、儒學或佛學思想等等，如林安梧成書於二十世紀的《王船山人性史哲學之研究》，便是代表著作之一。[1]以文學史或學術史的視野來講，分析王夫之的詩論，更是蔚為大宗，或是以抒情傳統的角度，重構詩學；[2]又或是以「聖道與詩心」的立場，論及王夫之的生命情調與詩美型態。[3]這些成果，為數眾多，開啟的路徑與觀點，多元且深遠，雖然陳陳相因，較少新意者，當然也存在，但推陳出新，出新解於舊編者，更不在少數。[4]

1　關於王夫之佛學的研究，當然也很多，但如果就方法學的意義上，邱偉雲提出「轉化性詮釋思維」，並主張由「反虛究實」、「反固主變」的角度，所見頗善，值得多加注意。邱偉雲：〈試論船山轉化性詮釋之思維模式：以船山思想與佛學思想轉化為例〉，《新世紀宗教研究》第9卷第4期，2011年6月。

2　相關的文獻回顧，可見曾守仁：《王夫之詩學理論重構》（臺北：臺灣大學出版中心，2011年），導論。

3　例如蕭馳就曾借此處理過王夫之詩學中相當多的問題。蕭馳：《聖道與詩心》，臺北：聯經出版事業公司，2012年。

4　龔鵬程從儒學心性之學與性學的角度，討論過王夫之的哲學與文學的關係，因篇幅所限，寥寥數頁，只能點到為止，王夫之也非其專論重點，故論證有缺，本文受其

　　本文的研究，即是在上述成果的積累之上，指出王夫之的詩作中，存在不少的豔詞與情詩，哀情孽意，淒婉動人者有之；超脫入俗，繁華落盡見真淳者，亦復不少，這些詞語，是否只能單純以文學作品視之？在王夫之的思想世界中，究竟占有什麼樣的地位？又該如何與王夫之的生命意義、對人生世界的體悟聯結？王夫之到底是以什麼樣的立場與觀點，創造作品？本文的研究，即是在上述問題意識的基礎上，試圖解釋其中緣由。而在《讀四書大全說》裡，王夫之就用了大量的筆墨處理這些疑問。眾所皆知，從六經到四書，是儒學史發展的關鍵與重要轉折，借此也產生了許多特殊的議題。[5] 王夫之之所以大花篇幅，除建構自己的理論體系之外，在某種程度上，當然是要回應某些問題，四書是儒家重要經典，以彼之道還施彼身，以儒家回應儒家。故本文的資料使用，便以《讀四書大全說》為主，當然也牽涉其他許多著作。從這樣的角度出發，分析王夫之的情論與情詩，希望能增進學界對王夫之的理解與觀察。

二　情之所鍾：王夫之的情詩豔詞

　　王夫之的詩歌作品，一直是學界頗為關心的領域。其實王夫之自己，極好此道，包括唱和詩在內，擁有為數眾多的創作[6]，此外又有

啟發，希望能更完善並調整、反思其論點。龔鵬程：〈儒家的性學與心性之學〉，《儒學反思錄》，臺北：臺灣學生書局，2001年。

5　這些問題，研究頗多，楊儒賓的《從五經到新五經》則是集大成，具有新意的代表作，包括性命之學、道統說、孔顏樂處、理學的仁說等等，皆屬其內。至於該如何處理情欲的問題，克己復禮，化情成偽，雖不在楊儒賓所論之列，也非理學興起之後的新問題，但確實也是儒學者相當關心的重要問題。理學家如此，王夫之當然也不例外。楊儒賓：《從五經到新五經》，臺北：臺灣大學出版中心，2013年。

6　蕭條異代不同時，王夫之對於前人的理解，也可以是研究的重心，例如黃莘瑜就從王夫之對陳獻章的唱和詩出發，參考抒情論述的途徑，並以王夫之對陳獻章詩學的創造性詮釋為問題基點，呈現「心性」書寫與「格調」主張交錯的視野。黃莘瑜：〈以風韻寫天真——從陳獻章到王夫之〉，《漢學研究》第35卷第2期，2017年6月。

《薑齋詩話》[7]《詩廣傳》《楚辭通釋》等著作，或點評詩歌，或疏解經意。如果用當今學術的語言來講，可以說王夫之對文學史或文學批評史多有見解與卓識，例如他對於世論曹植詩優於曹丕頗不以為然，企圖翻案，就說：「建立門庭，自建安始。曹子建鋪排整飾，立階級以賺人升堂，用此致諸趨赴之客，容易成名，伸紙揮毫，雷同一律。子桓精思逸韻，以絕人攀躋，故人不樂從，反為所掩。子建以是壓倒阿兄，奪其名譽，實則子桓天才駿發，豈子建所能壓倒？」[8]曹植詩鋪排整飾，只是容易學，曹丕則否，精思逸韻，不易模仿，故學者不多。其實論學思、講天才，弟弟哪比得上哥哥呢？又例如王夫之談練字造句，主張作詩要先識字，平仄差距，音別義異，若黏與押韻，殊不可取，又認為作詩之法，固然有理，卻不可拘泥，無法固然不可，但言法者，亦皆非法等等，[9]都可見此公評述之好惡與深淺。

　　值得注意的是，在王夫之的作品中，存在著一定數量的豔詞與情詩，有些淒美動人，纏綿細緻，有些抿淚謳吟，自盼自憐，有些則隨類賦形，曲折盡情。此處的豔詞與情詩，就廣義的意思來看，不完全屬於狹義的男女情詩，畢竟，憂生失路，對廣大浩瀚的宇宙世界寄予無限同情，習氣苦惱，抒情言志，輾轉其中，可解或不可解。這些詩詞，不論是廣義或狹義，都屬本論文的主題範圍。只是究竟該如何釐清？王夫之又使用什麼樣的理路，縫合彌補，調適而上遂？這些都是我們要討論的課題。

　　首先，王夫之詩歌言情，《水龍吟·蓮子》是頗具代表性的一首，序說：

7　王夫之作有《詩經稗疏》，末附《詩釋》一卷，清代王啟源與《夕堂永日緒論》內編一卷，合輯納入《談藝珠叢》，丁福保改題為《薑齋詩話》。

8　〔清〕王夫之著、舒蕪校點：《薑齋詩話》（北京：人民文學出版社，1998年），頁156。

9　參見〔清〕王夫之著、舒蕪校點：《薑齋詩話》，頁152、153。

　　余既作《蓮子》詞二闋，夢有投素札者，披覽之云：「公不棄
　　予小子，補為酬詞，良厚。乃我本無愁，而以公之愁為我愁，
　　屈左徒之愉東皇、云中不爾也。且公所詠者，荻絮蓼花，金風
　　玉露，皆余少年事。假以公弱冠時文酒輕狂，今日為公道，公
　　豈能不頳見于色乎？敗荷秋藕，吾已去之如籜，自別有風味
　　在。公雖苦吟，非吾情也。世人皆以我為樸質，公當為豔語破
　　之，幸甚！」曉起，因更賦此。不復以豔為諱。[10]

　　荻絮蓼花，金風玉露，歌酒輕狂，固然為少年之事，年歲漸長，情
隨事遷，感物勢殊，閱歷漸豐，竟然不以豔為諱，而是故作反語，世
人皆以我為樸質，反者道之動，則當為豔語破之，故詞中云：「蘭湯初
浴，絳羅輕解，雞頭剝乳。膩粉肌豐，苞香乍破，芳心暗吐」，「曾倩
綠窗深護，全不教香泥微汗。莫愁秋老，儂家自有，杏金丹駐……」[11]
香豔美好，絳羅輕解，雞頭剝乳，香泥微汗，莫愁秋老，詞中涉及感
官之處，色聲味俱全，很難想像是一位被視為「樸質」的學者所寫。

　　踔厲風發，年少風流，回想這段歲月，入情網，涉江湖，經人
世，自然是難忘的深刻往事。回憶的聲音，歷歷在目，《摸魚兒·自
述》：「當年事也隨風起，片帆一晌輕掛。雲間江樹霏微處，早愛青山
如畫。停橈也。又卻有蘋花菰米香低亞。難消良夜。且月載金樞，波
分素練，飽看銀河瀉。入佳境，茹蘗居然啖蔗。千金難酬春價。娟娟
蛺蝶花間戲，不怕黃鶯絮罵。誰真假。已早似光風霽月連床話。千蹊
萬岔。則堪信堪疑，欲歌欲泣，狂譜從人打。」[12]欲歌若泣，豔詞情
詩，盡訴衷腸，龍榆生說船山詞，傷心人別有抱負，懷愴故國，字字

10　〔清〕王夫之：〈水龍吟·蓮子〉，《王船山詩文集》（北京：中華書局，2006年），
　　頁553。
11　〔清〕王夫之：〈水龍吟·蓮子〉，《王船山詩文集》，頁554。
12　〔清〕王夫之：〈摸魚兒（病後作)〉，《王船山詩文集》，頁560。

騷心，入淒音，乃屈原《離騷》之流衍[13]，議論精闢，洵為卓識，可見王夫之詞論中的自我形象。只是其說尚在國破家亡的社會或政治性層次[14]，不及艷詞，未見王夫之情感繾綣、難捨難離的一面。

　　溫婉細緻，纏綿悱惻，自是詞體當行本色，當然也因為這種文學載體，特別容易抒發此種心境使然。[15]而王夫之也是相當擅長此風格的，「拈一片落英欲揉韶光碎」綺語多生，飾言頻起，不過也不限於詞體，他的〈望梅（憶舊）〉，就說：「如今風味，在東風微劣，片紅初墜。早已知疏柳垂絲，綰不住春光，斜陽煙際。漫倩游絲，邀取定巢燕子。更空梁泥落，竹影梢空，才棲還起。闌干帶愁重倚，又蛺蝶粘衣，粉痕深漬。撥不開也似難忘，奈暝色催人，孤燈結蕊。夢鎖寒帷，數盡題愁錦字。當年醞就萬斛，送春殘淚。」[16]以梅為詠題，名為觀物，實為借景抒情，以懷舊為念。擬人擬物的描寫，更可見他仿女子口吻責罵情郎，或訴或恨，似泣非泣，既嗔又怨，一半推辭一半肯，《薄幸》：「當年是你，兜攬下個儂來此。更不與分明道止，竟如何安置。但隨流蕩漾雲痕，歸鴻水底成人字。便俐齒嚼空，金睛出火，都則不關渠事。但惜取剎那頃，忍不得秋瓜藤墜。逗殺人，為霜禁冷，為風禁淚，鎮柳絲輕擺搖春水。到歷頭垂杪，半酣不采難驅使。無端薄幸，付與烏鳶螻蟻。」[17]對男子的憤慨，不是強烈式的批

---

13 參見龍榆生：《近三百年名家詞選》（上海：上海古籍出版社，1979年），頁23-24。

14 相關的研究，為數已多，不可能全部列舉。基本的觀點，可見劉碩偉：〈字字楚騷心，分明點點深——王夫之詞中的自我形象〉，《船山學刊》第6期，2007年7月。

15 張炎就說：「詞與詩不同，詞之句語，有二字、三字、四字，至六字、七、八字者，若堆疊實字，讀且不通，況付之雪兒乎？合用虛字呼喚，單字如正、但、任、甚之類；兩字如莫是、還又、那堪之類；三字如更能消、最無端、又卻是之類，此等虛字，卻要用之得其所。若使盡用虛字，句語又俗，雖不質實，恐不無掩卷之誚。」「簸弄風月，陶寫性情，詞婉于詩，蓋聲出鶯院燕舌間，稍近乎情可也。」〔宋〕張炎：〈虛字〉、〈賦情〉，《詞源》（臺北：藝文印書館，1968年），頁615。

16 〔清〕王夫之：〈望梅（憶舊）〉，《王船山詩文集》，頁615。

17 〔清〕王夫之：〈薄幸（午睡覺悶渠）〉，《王船山詩文集》，頁615。

判，而是陰柔式的埋怨，不解中帶著不滿，不滿中彷若悔恨，卻又期望男子改變，回心轉意，套句當代電影《我的少女時代》的流行語，就是：「很久很久以後，我們才知道，當一個女孩說她再也不理你，不是真的討厭你，而是她很在乎你，非常非常在乎你。」王夫之的詩作，在乎不在乎之間，討厭或喜歡之別，異符同指，相當細膩且精準地表達了女性的怨慕感，愛恨交織，理不斷情還亂。

男歡女愛，巫山雲雨，纖縟紛敷，繁飾累巧，在王夫之的作品中，屢屢可見：「美人去我遙，思之若晨暮。莞簟有餘清，肅肅警宵寤」，「涉雒想宓妃，游楚夢高唐……芸堂是燕寢，蘭閣有芳香。歸來歡日夕，至樂方未央」[18]，「繫臂蛛絲纏，當釵粉絮鑲。蝶雙愁易失，燕冷怯歸忙，勻汗乾珠琲，回襟漾水光。停凝憐瀲灩，端重笑垂楊」[19]。正如龔鵬程所指出，男女愛情，如〈感遇十一首（甲辰）〉就用了房中術大師容成的典故，更可見王夫之的詩詞中含有性意象，有些更可能是過去與女子們情投意合的往事。[20]

王夫之的作品，當然不是只有自訴式的情懷，還有的是寄情詠物，屬采附聲，寫氣圖貌，窺情風景之上，鑽貌草木之中，吟詠發志，體物為妙，故有《正落花詩》、《序落花詩》、《廣落花詩》、《寄詠落花》、《落花諢體》、《補落花詩》，洋洋灑灑，近百首詩。只是詠物之詩，又豈是落花而已？王夫之在中國詠物的博學傳統[21]中廣泛使用各種題材，幾乎是隨手拈來，表綺情，啟哀思，道孽意，所詠之物，如霜降、四季、節慶、花草嫩柳、蟲螢鳥獸、風雨日月、今古奇人異事等等，皆可見王夫之詩情，深具風致，不是只有男女異性的愛情。

---

18 〔清〕王夫之：〈感遇十一首（甲辰）〉，《王船山詩文集》，頁142。

19 〔清〕王夫之：〈詠風戲作豔體〉，《王船山詩文集》，頁258。

20 龔鵬程：〈儒家的性學與心性之學〉，《儒學反思錄》，頁188。

21 關於中國文學中的詠物傳統，可見劉芝慶：《觀物之極，遊物之表——蘇軾的格物之學》，收於氏著：《解釋世界與改變世界：中國思想史的知識信仰與人間情懷》，武漢：武漢大學出版社，2019年。

詩中之意，很多時候也是超出溫香暖玉之外。畢竟，古今多少事，不論改朝換代，人事變遷，眼看他起高樓，眼看他樓塌了，又或是滄海桑田，「美人黃土燈船散，金粉原來易寂寥」[22]，如夢如煙，一時迸散。由推移的悲哀而產生的人生實感，觸途成滯，撫事多情，幾乎無時無刻地表現在王夫之的詩作中：「不愁雲步滑，慊慊故傭來。多病霜風路，餘生隔歲回。鳳綃殘染淚，蛛網誓封苔。舊是銷魂地，重尋有劫灰」[23]，「蓮唱歌年少，江南一夢中」、「興亡憑一淚，去住恨雙違」[24]、「長相思，永別離，愁眉鏡覺心誰知。蛛網閑窗密，鵝笙隔院吹。年華詎足惜，腸斷受恩時」、「長相思，永離別，地坼天乖清淚竭。油卜罷春燈，寒砧謝秋節。寶帶裂同心，他生就君結」[25]，「生亦不可期，死亦不可悲。雞鳴月落杉橋路，且與須臾哭別離」[26]。相思卻又離別，回故地，尋舊夢，興亡一淚，只剩寂寥，生死之間，淚眼相對，不過「重尋有劫灰」罷了。

這些感受，當然與王夫之的生平遭遇密不可分。王夫之二十五歲時，張獻忠攻衡州，以王夫之父親為人質，欲招為己用，王夫之不從，為救父親，引刀自刺；三十三歲，清兵克桂林，多人殉難，王夫之決意歸隱，不問世事，自此不復出。他又舉兵衡山，彈劾王化澄。一生中遍歷諸難，嘗盡艱苦，他說自己絕食，準備等死：「庚寅冬，余作〈桂山哀雨〉四詩，其時幽困永福水砦，不得南奔。臥而絕食者四日，亡室乃與予謀間道歸楚。顧自桂城潰陷，淫雨六十日，不能取道。已旦夕作同死計矣。因苦吟以將南枝之戀，誦示亡室，破涕相勉。今茲病中搜讀舊稿，又值秋杪寒雨無極，益增感悼，重賦四章。

---

22 此為蔣士銓詩，見〔清〕蔣士銓：〈秦淮書酒家壁〉，《忠雅堂集校箋》（上海：上海古籍出版社，2018年），頁203。

23 〔清〕王夫之：〈即事〉，《王船山詩文集》，頁156。

24 〔清〕王夫之：〈迎秋八首〉，《王船山詩文集》，頁158。

25 〔清〕王夫之：〈長相思兩首〉，《王船山詩文集》，頁183。

26 〔清〕王夫之：〈哭內弟鄭忝生（庚子）〉，《王船山詩文集》，頁186。

余之所為悼亡者，十九以此，子荊、奉倩之悲，余不任為，亡者亦不任受也。」[27]孫楚，字子荊，荀粲，字奉倩，都因妻子逝世，情深義重，痛悼不已。雖然王夫之說自己並非如此，卻也不可能沒有亡妻之感。更重要的是，王夫之之悼，也全非具體的某事某物某人某地，而是生命中的困境，生命裡的難處，那種難以言狀的悲愁，存在的本質，淒涼、寂寞與橫逆。

對於過往，王夫之不可能沒有感觸，這種生活的學問，影響了他的哲學思考，當然也表現在他的文學創作中，錢穆曾稱讚王夫之：「船山則理趣甚深，持論甚卓，不徒近三百年所未有，即列之宋明諸儒，其博大閎括，幽微精警，蓋無多讓。」[28]由此見之，洵非虛言。

但是，王夫之不同於其他文人，就在於詩歌雖然是他抒情表意的方式，可是豔詞情詩，並非讓人淪於情欲，與世浮沉，矛盾衝突而不可解，更不是要借此排遣無奈，任性使氣，宣洩縱放才情。剛好相反的是，詩詞歌賦，都是他所建構的理路中，調適而上遂的設想結果，所以他才說：「含情而能達，會景而生心，體物而得神，則自有靈通之句，參化工之妙。若但于句求巧，則性情先為外蕩，生意索然矣。」[29]就他看來，有情世界，無窮無盡，可感可觀者，實在太多了，感動人心，可引人向上超越，優入聖域者，就是「情」。情之所鐘，輻射宇宙，聯繫物我，溝通天人，由點而線通面，布滿了整個人文空間，正是促成世界美善和諧的關鍵。

他認為，情固然是因境而起，若把持不定，缺乏工夫，則物色之動，心亦搖焉，弊障便生，則情不免流於卑劣，有所遮蔽，陷入執障，成為邪惡；卻也可反之，情成為境界向上一躍的助因。王夫之在《薑齋六十自定稿》中，就自承：「境識生則患不得，熟則患失之，

---

27 〔清〕王夫之：〈續哀雨詩四首（辛丑）〉，《王船山詩文集》，頁168。

28 錢穆：《中國近三百年學術史》（北京：商務印書館，2015年），頁206。

29 〔清〕王夫之著、舒蕪校點：《薑齋詩話》，頁155。

與其失之也寧不得，此予所之而自懼者也。」[30]既然患失患得，自懼自省，王夫之又怎麼處理這個問題呢？他其實是借由這種反思，由豔詞情詩而回歸其身，王夫之之所以刻意釐清並調整「情」，視其所以，觀其所由，察其所安，皆是有以致之。正如王夫之夫子自道，「情不能不因時爾」：

> 詩言志。又曰：詩以道性情。賦，亦詩之一也。人苟有志，死生以之，性亦自定，情不能不因時爾。[31]

再用王夫之自己的話，這就是「因情生文」。那麼，又該如何因時而發情，理情，抒情呢？這就與王夫之的人性論、工夫論有關了。

三　有情世界：情欲的回歸與轉化

前已言之，情不是固定的，更非鐵板一塊，可向上提升，調適而上遂，自然也可能向下沉淪，不知伊於胡底。眾所皆知，唐宋時期，有「文以載道」之說，也有「作文害道」、「作詩妨道」之論[32]，就程頤等人看來，文應該是載道的，文章是經國大業，文章是教化的重要

---

30 〔清〕王夫之：〈薑齋六十自定稿‧自序〉，《王船山詩文集》，頁168。

31 〔清〕王夫之：〈薑齋六十自定稿‧自序〉，《王船山詩文集》，頁168。

32 參見蕭馳：《聖道與詩心》，頁4。值得注意的是，雖然文與道的關係，並非截然對反，但韓愈與朱熹又明顯不同。就朱熹看來，文是道的自然流出，所以朱熹的看法是：「才卿問：『韓文《李漢序》頭一句甚好。』曰：『公道好，某看來有病。』陳曰：『文章，貫道之器』，且如六經是文，其中所載皆是這道理，如何有病？』曰：『不然。這文皆是從道中流出，豈有文反能貫道之理！文是文，道是道，文只如吃飯時下飯耳，若以文貫道，卻是把本為末。以末為本，可乎？』」〔宋〕黎靖德編：《朱子語類》（北京：中華書局，2007年），頁3305。其中差異，可參劉芝慶：〈「文章要有本領」──方東樹論漢宋之爭〉，《經世與安身：中國近世思想史論衡》，臺北：萬卷樓圖書公司，2017年。

媒介，但是，多數人沉湎其中，流弊所及，聖人之道與聖人之文，真的能夠完全相符結合嗎？當「文心」表現在「雕龍」，「雕龍」會不會反過來操控「文心」？借用蔣士銓的詩，就是「多情為痼疾，不幸作詩人」[33]，詩人留戀光景，放蕩才華，而過度注重文章結構編排、文字琢磨鍛鍊等技術，不免使心偏執，奔馳競技，反而容易造成心的流蕩不安……不過，雖說作文作詩害道妨道，程頤等理學家其實也擅此藝，只是他們自認來路正，工夫深，去路明，層次高度自然不同。就以程頤看來，作詩作文，盡有涉獵，並不是完全不作詩作文，但因主敬自靜，格物窮理，詩文自然醇真純粹，充滿人文厚度之美；文人則不然，放肆輕浮，馳於外物，任性使情，修養不端，以致玩物喪志：

> 問：「作文害道者否？」曰：「害也。凡為文，不專意則不工，若專意則志局于此，又安能與天地同其大也？書曰：『玩物喪志』，為文亦玩物也。呂與叔有詩云：『學如元凱方成癖，文似相如始類俳；獨立孔門無一事，只輸顏氏得心齋。』此詩甚好。古之學者，惟務養情性，其他則不學。今為文者，專務章句，悅人耳目。既務悅人，非俳優而何？」[34]

認為今人為文，專務章句，注重辭彩，悅人耳目，故其人其文，不過俳優之類，作文如此，作詩亦如是。程頤就說自己不常作詩，偶一有作，也是為了提點醒悟之用：「既學時，須是用功，方合詩人格。既用功，甚妨事。古人詩云：『吟成五個字，用破一生心。』又謂：『可惜一生心，用在五字上。』此言甚當……王子真曾寄藥來，某無以答他，某素不作詩，亦非是禁止不作，但不欲為此閑言語。且如今言能

---

33 〔清〕蔣士銓：〈喜晤李衣山孝廉（翊）〉，《忠雅堂集校箋》，頁544。

34 王孝魚點校：《二程集》（北京：中華書局，1981年），頁239。

詩無如杜甫，如云『穿花蛺蝶深深見，點水蜻蜓欵欵飛』，如此閑言語，道出做甚？某所以不常作詩。今寄謝王子真詩云：『至誠通化藥通神，遠寄衰翁濟病身。我亦有丹君信否？用時還解壽斯民。』子真所學，只是獨善，雖至誠潔行，然大抵只是為長生久視之術，止濟一身，因有是句。」[35]作詩要勞心費神，於道無補，故程頤素不作詩，但言必有中，作詩是為了覺民經世，如引中贈詩給王子真，即是此舉。

上述提及的文道問題，當然是宋明理學家極為關注的部分。本文認為，王夫之所以強調「情」，自然是有意要綰合創作與修身之間，可能產生的矛盾，王夫之的做法，可說是對上述程頤等人的批判與質疑，給予自己的理解與解答。

另一方面，也是對當時重視情論的反省。情這個概念，早在先秦已有，而中晚明以來，人們看重欲望，正視情欲。屠隆就認為男女之欲出自天性，強加克制情欲，只是不當壓抑，反而不利人們的正常生活，其實孔子也說「吾未見好德如好色者也」，就連孔子亦不能免，「其辭亦痛切足悲哉！根之所在，難去若此，即聖人不能離欲，亦儉之而已」[36]。不只如此，屠隆認為好名也跟好色一樣，都是根性所在，實乃正常人欲，難斷難離。況且名也非壞事，他以韓康為例，韓康採藥賣於長安市中，口不二價者三十餘年，後入霸陵山中，博士公車連徵不至。屠隆就說韓康是逃名，但並非不修名，他的言行仍代表他是在乎名的，畢竟名跟情，都是人類正常欲望的表現。[37]湯顯祖更說應以情治理天下，以情為田，以禮為穡，以義為種，而在人情物理之內，就應該肯定人性欲望的正當性。[38]廖肇亨也以「情禪不二」的

---

35 王孝魚點校：《二程集》，頁239。關於程頤之論，可參劉芝慶：《觀物之極，游物之表——蘇軾的格物之學》，《解釋世界與改變世界：中國思想史的知識信仰與人間情懷》。

36 〔明〕屠隆：〈與李觀察〉，《白瑜集》（臺北：偉文圖書出版公司，1977年），頁512。

37 〔明〕屠隆〈與李觀察〉，《白瑜集》，頁514。

38 左東嶺：〈陽明心學與湯顯祖的言情說〉，《文藝研究》（2000年5月），頁98-105。

幾度,指出馮夢龍有「情教」說,尤侗則有「情禪」說,二說皆廣
為時人所重,情教、情禪者,都是認為情之一物,為巨大無窮的能
量。[39]其餘諸如李贄、王思任等人,眾人說法或各有不同,但就主情
任情,重新認識人欲這方面來講,並無太大差異。「世間萬物皆有所
欲,其欲亦是天理人情」[40],這些說法,就正面意義來看,當然不是
刻意提倡縱樂縱欲,而是說明欲望的普遍性、自然性。[41]王夫之的觀
點,正是借由這樣的普遍性,回歸儒家經典,來規範欲望,將欲望導
向正常適度的方向,成為「享樂」。[42]他自然也是為了矯正情論的流

---

39 廖肇亨:《中邊‧詩禪‧夢戲:明末清初佛教文化論述的呈現與開展》(臺北:允晨
   文化實業公司,2008年),頁424-426。

40 〔明〕呂坤:《呻吟語》,頁266。

41 趙偉:《晚明狂禪思潮與文學思想研究》(成都:巴蜀書社,2007年),頁309-315。
   值得注意的是,中晚明情觀顯題化的推手之一,便是出自資本主義萌芽的相關討
   論。黃莘瑜認為,「情」所以成為中晚明的文化焦點,不僅與文化內部的歷史事實
   有關,也牽涉研究者所處的學術風尚。意即以馬克思(Karl Marx)的唯物史觀,以
   及對性別、情欲等「近代(現代)」(modern)或「現代性」(modernity)課題的關
   注,兩者遙相呼應的結果,促使明中期以降的情欲主軸,在研究者的眼中,愈益浮
   現。於是,在眾多類似研究的「建構」下,中晚明以來,與「理」相抗之「情」,
   便常常被視作市民意識、進步思想來解釋。更進一步來講,資本主義萌芽的論述,
   雖然也挖掘了相當程度的史料,反映某些社會現象,卻也同時掩蓋或渲染「情」本
   身的內涵,以致「尊情」或「主情」成為籠統的時代標誌。相較於其他領域的研
   究,諸如中晚明地域經濟、城市風尚、士商關係、出版事業等研究,益見突破,
   「情」的論述,似仍停留在表面印象之中,徒以社會變動為框架,不能真正深入其
   中內涵。況且戲曲、小說中飽含情欲的作品固然蔚為盛觀,然而它們和所謂「左派
   王學」、詩文評述中的情感論等等,是否雷同?若只是片面取證,以相同名詞處理
   不同問題,恐怕又只是在諸多說法上,繼續疊床架屋。黃莘瑜:〈論中晚明情觀於
   社會經濟視野下的所見與局限〉,《清華學報》第38卷第2期(2008年),頁175-207。
   為避免發生論述過於模糊、籠統,徒增紛論,本文所謂的情欲、欲望,意指欲望的
   普遍性、自然性這一層面,並不牽涉其他。

42 周志文就認為,享樂與縱樂不同。享樂基本上是以輕鬆的心態欣賞人生世間百態,
   享樂經驗是多元的,也是知性的,是鼓勵面對神秘、未經發現的趣味,是一種嶄新
   的知識與經驗。周志文:〈散文的解放與生活的解脫──論晚明小品的自由精神〉,
   《晚明學術與知識份子論叢》(臺北:大安出版社,1999年),頁229、234-235。中

弊，避免為情所誤所縛，但也並非要人止情滅欲，剛好相反，王夫之就是要人正視情，人的存在，就是情的存在，將情導向正面，意味著人可借此入道，提升境界。

而王夫之在《讀四書大全說》中，就不斷地在處理這個問題。《讀四書大全說》應為王夫之中年時期的作品，他在書中對「情」的定義與運用，涉及諸如「氣」、「性」、「理」等概念，藉此所下的工夫，反映到他的生活世界中，寢饋研練，黽勉不已，心手合一，也難怪雖到老年，隨心所欲，豔詞淫詩非但未滅，更不以為諱。

對於王夫之來說，情當然不會只是一個符號，或是哲學概念，而是生活中實實在在的真實體驗，就像喜怒哀樂的發生，當然是因為有事有物，因而可喜可怒可哀可樂，這就是誠，好好色，惡惡臭，乃誠之本體[43]，「誠者，誠於理，亦誠於欲也」[44]。因此他解釋「喜怒哀樂之未發為中」，就認為「未發」並非不喜不怒之類，而是活語。中者，是相對的，誠者，固然實有而不妄，表現在時之中，則是外在之形，所以有必喜必怒必哀之理，實乃天道之常，為情所生。[45]所以發情抒情，不自欺，就是必然之事，就是誠，不是虛偽，是工夫所至，而非滅情息欲：「誠其意而毋自欺，以至其用意如惡惡臭、好好色，乃是功夫至到，本體透露」[46]，「而喜怒哀樂之本乎性、見乎情者，可以通天地萬物之理。」[47]

晚明以來的情論，固然有縱欲的一面，但也有調適節制的主張，王夫之的路子，正是後者。關於晚明情論的收與放問題，以及引起的弊端討論，可參劉芝慶《自適與修持——公安三袁的死生情切》（武漢：湖北人民出版社，2017年），第四章。

43 〔清〕王夫之《讀四書大全說》（北京：中華書局，2009年），頁20。

44 〔清〕王夫之：《讀四書大全說》，頁246。

45 〔清〕王夫之《讀四書大全說》，頁79-81。王夫之說中，就不斷強調其內外未發已發相對之別：「蓋中外原無定名，固不可執一而論。自一事之發而言，則心未發，意將發，心靜為內，意動為外。」〔清〕王夫之：《讀四書大全說》，頁24。

46 〔清〕王夫之：《讀四書大全說》，頁20。

47 〔清〕王夫之：《讀四書大全說》，頁61。

　　有情有欲，本屬天理，自然不必以為非，「聖人有欲，其欲即天
之理。天無欲，其理即人之欲。學者有理有欲，理盡則合人之欲，欲
推即合天之理。于此可見：人欲之各得，即天理之大同；天理之大
同，無人欲之或異」[48]。更不要刻意壓制，違逆人情：「聖學則不然。
雖以奉當然之理壓住欲惡、按捺不發者為未至，卻不恃欲惡之情輕，
走那高明透脫一路。到底只奉此當然之理以為依，而但由淺向深，由
偏向全，由生向熟，由有事之擇執向無事之精一上做去。」[49]就王夫
之看來，就是克己復禮，漸進而超脫，由執而不執，不可一蹴可幾。

　　當然，上述所言，都是情的理想狀態，需要工夫沉澱，修身養
性，而過與不及都不好，一般人只以為情過濫，肆情縱意，應該節
制，殊不知王夫之注意到情的不足，也是缺憾，也是問題。所以情可
以為善，當然也可能是不善。[50]

　　王夫之對張載頗為認同，再三致意，著有《張子正蒙注》，對氣
論非常熟悉。天地化生，陰陽交感，「天地間只是理與氣」[51]，陰陽變
化多端，人身處其中，耳目聞見，當然也容易受影響。相較之下，程
朱論氣，雖然不離不雜，仍有所偏重。根據劉滄龍的研究，若是就王
夫之而言，氣貫通形而上下，往上接於超越的天理，往下呈現在具體
構成之理，氣依超越之理流行施化，便出現在個物的內在之理。換句
話說，氣是實體實事，理則是象狀之謂語，理是用來說明，氣以合乎

48　〔清〕王夫之：《讀四書大全說》，頁248。王夫之有時也用「才」說「欲」，相較之
　　下，王夫之說「才」時，重在所具之能，說「欲」時比較強調「能」發動之「幾」。
　　林安梧：《王船山人性史哲學之研究》（臺北：東大圖書公司，1991年），頁110。

49　〔清〕王夫之：《讀四書大全說》，頁238。

50　〔清〕王夫之：《讀四書大全說》，頁63、82。王夫之在別處也說「若夫情之下游，
　　于非其攸當者而亦發焉，則固危殆不安，大段不得自在。亦緣他未發時，無喜、
　　怒、哀、樂之理，所以隨物意移，或過或不及，而不能如其量。迨其後，有如耽樂
　　酒色者，向後生出許多怒、哀之情來。故有樂極悲生之類者，唯無根故，則終始異
　　致，而情亦非其情也」，都類似此理。同引書，頁83。

51　〔清〕王夫之：《讀四書大全說》，頁158。

善的方式，周形運轉。[52]「蓋聞無情者不可使有氣」、「無氣者不可使有情」[53]，有氣就有情，要妥善適當地發情使情，就必須要工夫，克己復禮，只有守大體的君子，而非執小體的沉淪物欲，才能見天地之情。如果用孟子的話來講，這就是「踐形」，但王夫之也說了，大體小體，也非截然二分，更不是對立的，真正的君子，發乎情，止乎理，就是因為「大體固行乎小體之中」[54]。

氣化的世界，天地絪縕，萬物化淳，自強建動。當生命開始，我們就應該在人世中，自強不息，擇之守之，修身養性：

> 天命之謂性，命日受則性日生矣。目日生視，耳日生聽，心日生思，形受以為器，氣受以為充，理受以為德。取之多，用之宏而壯，取之純，用之粹而善，取之駁，用之雜而惡，不知共所自生而生，是以君子自強不息，日乾夕惕而擇之守之，以養性也。[55]

人的心目耳形等等，雖是天生，但也非全然被動的接受，而是主動取用天地的，是宏壯純善，還是駁雜劣惡，關鍵當然在於自己。正如錢穆所說，王夫之論性，遠邁前人，其性論在於日新之化，而非專主初生，故重在其日成，這也是本文所引「命日受則性日生」之意。[56]

---

52 參見劉滄龍《氣的跨文化思考：王船山氣學與尼采哲學的對話》（臺北：五南圖書出版公司，2016年），第二章。

53 〔清〕王夫之：〈連珠有贈〉，《王船山詩文集》，頁15。

54 「則大體固行乎小體之中，而小體不足以為大體之累。特從小體者失其大而成乎小，則所從小而有害於大耳。小大異而體有合，從之者異，而小大則元一致也。」〔清〕王夫之：《讀四書大全說》，頁742。

55 〔清〕王夫之：〈尚書引義〉，《船山全書》（長沙：嶽麓書社，2011年），頁301。

56 王夫之對性的界定，相當具有特色，只是錢穆歸於天演，當是受時代風氣影響，錢穆《中國近三百年學術史》，頁109-110。錢穆另有一文，遠較深入，可參《王船山孟子性善義闡釋》，《中國學術思想史論叢》，合肥：安徽教育出版社，2004年。近

性既然日成，人物在創生過程中才被賦予了性，所以往正面的方面去走，轉化不完美[57]，因此性與情的關係，相輔相成，互倚而立：「惟性生情，情以顯性，故人心原以資道心之用。」[58]可是性是徹始徹終，如孟子所說四端，是性之四德，王夫之用孟子性善義，區分心、性、情，並詮解調整張載「心統性情」之說：

> 要此四者之心，是性上發生有力底，乃以與情相近，故介乎情而發（惻隱近哀，辭讓近喜，羞惡、是非近怒）。性本于天而無為，心位于人而有權，是以謂之心而不謂之性。若以情言，則為情之貞而作喜怒哀樂之節（四端是情上半截，為性之尾。喜怒哀樂是情下半截，情純用事）者也。情又從此心上發生，而或與之為終始，或與之為擴充（擴充則情皆中節）。或背而他出以淫濫無節者有之矣。故不得竟謂之情，必云情上之道心，斯以義協而無毫髮之差爾。[59]

情可以為善，可以為不善，可以為善，非即善也，喜怒哀樂又是人情之常，但不能是善，有所中節，有所擴充，才可以是善。反之，淫濫無節，則是情之不善。性則本於天，乃無為，由心來發用行權，所以才說四者之心，是性上發生。因此學者識心，重在調節情欲，不可流於過與不及，此心當然也不因喜怒哀樂而始有，而是「位于人而有

人關於王夫之對性的研究，陳政陽所論甚精，見陳政陽：〈「本然之性」外，是否別有「氣質之性」？──論船山〈正蒙注〉對張載人性論的承繼與新詮〉，《臺大文史哲學報》第82期，2015年5月。

57 清初儒者對於性的主張與辨析，雖然各有特殊之處，但就普遍來講，大多肯定兩者：一、人物在創生過程中才被賦予本性；二、萬物品類區別，各具特性。王夫之顯然也是如此。可見呂妙芬：《成聖與家庭人倫：宗教對話脈絡下的明清之際儒學》（臺北：聯經出版事業公司，2017年），頁304-307。

58 〔清〕王夫之：《讀四書大全說》，頁83。

59 〔清〕王夫之：《讀四書大全說》，頁555。

權」。心、性、情，可統而言之，也可分門獨立。整合來看與單獨而論，乍看之下，似乎互有矛盾，實則不然，只是角度不同罷了，所以王夫之才以這個角度重新詮釋張載之說：「若張子所謂心統性情者，則又概言心而非可用釋此心字。此所言心，乃自性情相介之幾上說。《集注》引此，則以明心統性情，故性之于情上見者，亦得謂之心也。心統性情，自其函受而言也。此于性之發見，乘情而出者言心，則謂性在心，而性為體、心為用也。（仁義禮智體，四端用）。」[60]性之於情上見者，可以稱為心，但性的發現，又是乘情而出，見諸仁義禮智等四端，這也是性，性日化生，性亦自定[61]，徹始徹終，君子自強不息，日乾夕惕而擇之守之，養性化情的結果。

　　王夫之對情的處理方式，當然也涉及其它概念，但就王夫之看來，又不是單純的哲學符號、智力遊戲，而是他存在的意義、生活世界的信仰。用更直接的話來講，包括創作詩文在內的各種欲望活動，都借由他的工夫論與心性論，融合消化。王夫之的生命呈現，其實就是在各種「情遇」中開顯，用前引文的話來講，就是「性亦自定，情不能不因時爾」，情不能不因時，可在動中見，也可在未發之理見：「動則欲見，聖人之所不能無也。只未發之理，誠實滿足，包括下者動中之情在內，不別于動上省其情，斯言忠而恕已具矣。若于喜、怒、哀、樂之發，情欲見端處，卻尋上去，則欲外有理，理外有欲，必須盡己、推己並行合用矣。倘以盡己之理壓伏其欲，則于天下多有所不通。若只推其所欲，不盡乎理，則人己利害，勢相扞格，而有不能推……」[62]動則欲見，是聖人都會有的，若是未發之理，動中之

60　〔清〕王夫之：《讀四書大全說》，頁554。

61　王夫之論性，其實頗有蘇軾《赤壁賦》裡這幾句話的味道：「蓋將自其變者而觀之，則天地曾不能以一瞬。自其不變者而觀之，則物與我皆無盡也。」但王夫之的語境似乎更高，他直接說這些變與不變，日生與自定，都是「本于天而無為」。

62　〔清〕王夫之：《讀四書大全說》，頁249。

情，那只要盡己。王夫之用《論語》的脈絡來解析，並省思朱熹「忠是一，恕是貫」、「盡己之謂忠，推己之謂恕」之說，他認為這就是忠恕之道的忠。但若是情欲見處，已發之後，有理有欲，就應該以忠恕的工夫一以貫之，盡己之道，推己及人。[63]

四　從文學到思想：情的創作與工夫

　　本文的研究，從王夫之的豔詞情詩出發，來看王夫之如何從「情」的角度，不以豔詞為諱，並解釋這些作品的發生緣由。

　　藉由上述的論析，我們發現王夫之的情，不是單指飲食男女之類，而是包括了功名利祿、聲色聞見等諸多欲望。正如前面所提到的，生命的實感，哀愁、恐怖、憂憤、癲狂、貪嗔癡、喜怒哀懼愛惡欲等等，或許是因境而起，由事而生，可是具體的事物會變，情依然而生，容易過與不及，因此如何適當地抒情理情，就成了王夫之非常在意，也相當切己的問題。

　　就王夫之看來，情的可貴，不在某事某物，而是根本就是他自己，是直面生命之誠，有理有欲，有善有不善。畢竟，生命既然不可能完整，當人被拋擲世間，就得想辦法完善，自強不息，日乾夕惕而擇之守之。情之所鍾，正在我輩，王夫之由情而入，因情超脫，情多處處，固然有悲有歡，卻也見生命之真誠可貴，既入其內，又出其外，「無情還作有情癡」[64]，然後見山是山，見水是水。「閱變遞紛擾，損悲任流逝」[65]，若能如此，縱浪大化中，不以物喜，不以己悲，倒也不是說再也沒有情緒的波動，而是真的可以超脫，不為物惑，收放自如，隨心所欲而不逾矩，他之所以強調「喜怒哀樂之未發

---

63 參見〔清〕王夫之《讀四書大全說》，頁245。

64 〔清〕王夫之：〈沁園春（渾天毬）〉，《王船山詩文集》，頁600。

65 〔清〕王夫之：〈始夏（戊辰）〉，《王船山詩文集》，頁244。

為中」之意，其因也在此。

從情的工夫，再到情的文學，反之亦然，「沉酣而入，洗滌而出，詩之道殆盡於此乎！」[66]順理成章，勢所必至，理所當是。因此詩文就不會害道妨道，而是與道相生；因此情論就不該是社會的劣端，而是人生的助力。中晚明以來的流弊，在王夫之的理論中，有了相對妥善的處理。情詩豔詞，心統性情，既是文學的，也是倫理的，既是道德的，當然也可以是抒情的。學界研究王夫之的文學，多可以從文學反思其修身工夫，但王夫之的心性論、情論、工夫論，本身就具有美學意義、詩性精神，這也是我們值得注意的方向。

從工夫到文學，從文學到工夫，詩教所至，工夫隨之，工夫所現，詩文呈貌。我們不妨以王夫之的話來結尾，以王夫之說王夫之，以王夫之證明王夫之，作為本文的結束。他在《詩廣傳》說得好：

> 嗚呼！能知幽明之際，大樂盈而《詩》教顯者，鮮矣，況其能效者乎？效之于幽明之際，入幽而不慚，出明而不叛，幽其明而明不倚器，明其幽而幽不棲鬼，此詩與樂之無盡藏者也，而孰能知之？[67]

---

66 〔清〕王夫之：〈明詩評選〉，《船山全書》，頁1619。
67 〔清〕王夫之：〈詩廣傳〉，《船山全書》，頁485。

身體與美學

──近代思想史中的理想世界

一 前言

眾所皆知，清末以來，逢數千年未有之大變局，外患內憂，一時
並至，有志之士為了解決問題，或引進西洋學說，中體西用；或「藥
方只販古時丹」，從過去尋找答案。只是該如何變，要變些什麼，是
漸或驟，是救亡圖存或是啟發蒙昧，是船堅炮利還是政治體制，是復
興佛學還是批判孔教，是單線進行又或是雙重複調，言人人殊。可是
中國確實到了該變的時候，國勢衰弱，文明素質又處處不如人，許多
人開始反思：中國，到底是哪裡出了問題？是社會制度？是中國人性
格？是國家體制的問題？還是儒學亡了中國？

在這種思考之下，隨之而來的各種變革，從船堅炮利到文化氣
氛，從政治體制到教育方式，從切音字到白話文運動，都引起了許多
動盪與改變。值得注意的是，學術界在分析這段時期時，多把焦點放
到「人」的改變，且多是論心靈、精神、思想的更新，以期促成「新
人」的出現[1]，應付新局面的各種生活與挑戰。於是諸多理論紛至沓

1　袁洪亮就以「人學」為題，論述中國近代人學思想史。他從傳統儒學中追溯，同時
　眼觀西學，來分析清末以來的諸多問題，只是他雖談到人性、人格、人欲、人心、
　人生、公私等各種人學問題，但對於人的身體，所談甚少。袁洪亮：《中國近代人
　學思想史》（北京：人民出版社，2006年），第五章第一節。黃金麟應該是當前學界
　中較為全面探討身體與近代政治的學者，包括身體與政治、身體的國家化、法權身
　體、鐘點時間與身體、空間與身體、身體與規訓等等，頗為廣泛，但近代的身體
　觀，其實還有許多面向可供探索。本文所採的路徑，探討改造身體所涉及的進化世

來，各種運動屢上檯面，這些思潮中，有一面向常被忽略：近代新思潮的提倡，往往伴隨著「身體」的進化，這種變革，當然是想像的規劃，而非實際上的肉身脫俗。換句話說，身體素質伴隨思想的更新，於是在未來世界中，真正優異的人種與人類，將取代舊的人們，成為新世界的主人。這也是近代以來，張之洞、廖平、嚴復、康有為、譚嗣同、蔡鍔、梁啟超、陳獨秀、胡適等等，在他們的著作中常常強調的重點。而此種身體觀，又不只是新思想的具體而微，也有著美學與倫理上的意義，都是為了未來和諧美好的理想社會而設。

只是，為何如此看重身體呢？除了當時進化論的流行，止於至善，故身體的完善，同時也代表了真善美社會的成型，也跟當時中國烏托邦思想的規劃有關。此外，「病夫」、「病國」之類的稱呼，自然也是近代中國知識份子相當在意的問題，因此提倡身體的改造。最後，可能還有知識傳統上的因素，從先秦以來，中國醫療知識與社會、政治的關係，就常常是雙向互動的，其中關鍵在於身體所牽涉的種種聯結。

本文的研究，就是在處理這些問題，亦在指出：近代知識人為什麼要改造身體？除了國力政治的因素，是否還有美學、道德的層面？而改造身體的資源，除了西方思潮，又使用了哪些中國本有資源？這些都是本文的問題意識所在。

二 啟蒙與救亡：中國的衰敗源自身體

前已言之，內憂外患的中國，究竟該如何拯救？是啟蒙民智還是救亡圖存，又或者是兩者並行不悖？是中體西用，史學經世，諸子學

界觀構成的美學想像，便是一例。黃金麟：《歷史、身體、國家：近代中國的身體形成（1895-1937）》，臺北：聯經出版事業公司，2001年。

復興，還是借佛學解西學？不管是何者，其中一個廣泛的討論焦點，就是中國人的身體問題。當時很多人認為，中國比不上其他國家的關鍵，是中國人體質不佳，加上吸食鴉片更是害人不淺，本來就不甚康健的身體，狀況愈發低下，因此加深素質，身強體壯，就變成當務之急。

身體不如人，自然也造成了國勢不振，甚至是文明低落的結論。其實應該反過來看，武鬥甚於文攻，好說歹說無效，於是西方用船堅炮利打開了中國的大門，中國連番失利，檢討自身，於是從「國家」的階段，反思到「個人」的層面。在十九世紀末期，因為中日甲午戰爭，西方輿論界才開始用「病夫」形容中國，特別是中國政治，但多為譬喻，把中國比喻成病人，需要藥方診治，認為中國已病入膏肓，必須盡快診療，從內外源發現病症，該動手術就動手術，切莫拖延。到了二十世紀初期，「病夫」的概念，從國家轉移到個人，從群體變化到個體，病國的意涵未完全消失，同時也開始形容中國人的體質。[2]梁啟超就說中國缺乏尚武精神，以病夫聞名於世界，手足癱瘓，盡失防護機能：「我以病夫聞于世界」，「我不速拔文弱之惡根，一雪不武之積恥，二十世紀競爭之場，寧複有支那人種立足之地哉！」[3]他更形容中國人因為社會風俗，以嬌柔為上，體質本就不強，再加上吸食鴉片，更是雪上加霜：

> 中（國）人不講衛生，婚期太早，以是傳種，種已孱弱，及其
> 就傳之後，終日伏案，閉置一室，絕無運動，耗目力而昏眊，
> 未黃耈而駝背；且複習為嬌惰，絕無自營自活之風，衣食舉

2　楊瑞松：〈想像與民族恥辱〉，《病夫、黃禍與睡獅：「西方」視野的中國形象與近代中國國族論述想像》（臺北：政大出版社，2010年），頁17-67。

3　梁啟超：《新民說》，張品興主編《梁啟超全集》第2冊（北京：北京出版社，1999年），頁712。

動，一切需人；以文弱為美稱，以羸怯為嬌貴，翩翩年少，弱
不禁風，名曰丈夫，弱于少女；弱冠而後，則又纏綿床第以耗
其精力，吸食鴉片以戕其身體，鬼躁鬼幽，蹉步欹趺，血不華
色，面有死容，病體奄奄，氣息才屬：合四萬萬人，而不能得
一完備之體格，嗚呼！其人皆為病夫，其國安得不為病國也！[4]

首先，楊瑞松雖已指出，以「病夫」來形容中國，是從西方輿論
界開始，中國接收這方面的訊息之後，內部產生變化。就如上引梁啟
超所言，他巧妙地將「病夫」由中國換成了中國人。又或者，可以這
麼說：中國何以孱弱？就是因為這樣的中國人太多了，以文弱為美
稱，以羸怯為嬌貴，質不如人，病體奄奄，尚武精神又欠缺，故四萬
萬人皆為病夫，病夫所聚，自然也為病國。

這樣的轉變，不完全是西方式的「衝擊／回應」所引起的。[5]在
傳統裡，本來就有類似的資源，足供取用，傳統醫療知識與社會、政
治是雙向互動的，論病以及國，其中關鍵處在於身體所牽涉的種種關
係。中國思想史中，將統治者身體視為「國」，由此論證其政權正當
性或可追溯至西周晚期[6]，而這種「身體－政治」的思考模式，包含
向度實屬多樣。例如楊儒賓提出先秦儒家身體觀的「四體一體」與
「二源三派」，前者指出儒家身體觀綜攝了意識的主體、形氣的主
體、自然的主體與文化的主體；「二源三派」，二源即《周禮》為中心
的威儀身體觀、醫學為中心的血氣觀，三派即踐形觀、自然氣化說、

4　梁啟超：《新民說》，《梁啟超全集》第2冊，頁713。

5　關於「衝擊／回應」模式的討論非常多，本文不擬重複，可見朱滸：〈「範式危機」
凸顯的認識誤區〉，《社會科學研究》，2011年第4期。熊月之：〈研究模式移用與學
術自我主張〉，《近代史研究》，2016年第5期。

6　金仕起：《論病以及國：周秦漢唐方技與國政關係的一個分析》（臺北：臺灣大學歷
史學研究所博士論文，2003年），頁1-17。

禮儀觀。[7] 黃俊傑則從更廣泛的角度提出東亞儒學的四種身體觀，分別是：一、作為政治權力展現場域的身體；二、作為社會規範展現場域的身體；三、作為精神修養展現場域的身體；四、作為隱喻的身體。[8] 兩位學者對儒家身體觀的研究極具貢獻，然而若觀察先秦諸子的各種言論，會發現「身體－政治」模式並非儒家所獨有，而是普遍存在於先秦諸子之中，早已成為中國傳統思想的重要資源。[9] 因此以病來形容人，甚至是形容國家的現況，並非都是從西方傳來，毋寧是中西交流之下，新舊瓶了西並現，所逼出來的一些觀點。

　　將病夫冠於中國人頭上，除梁啟超之外，還有許多輿論都開始呼應。譚嗣同比較中西人種，中國人之體貌，愈見猥鄙，又更萎靡，或瘠而黃，或肥而弛，實在差勁；蔡鍔認為八股文、鴉片殘害中國人身體，以至於連體格體力足夠為兵者，都不可求，而且不只是男子而已，纏足之風，更是禍患婦女。[10] 這種男女生下的孩子，自然毫無生氣。胡適在一九○六年發表的《敬告中國的女子》也說：「一個人對於爺娘生出來的好身體，正該去留心保護他，切莫使他有一點的壞處，這才是正大的道理。為什麼反要去把一雙好好的腳，包裹得緊緊的，使他坐立不穩血脈不行呢？列位要曉得一個人全靠那周身的血脈流通，方才能夠使得身體強壯，那血脈若不行，自然身體一日弱似一日，那氣力也便一些都沒有了。若是那些身體強壯的，也還可以勉強支持，倘是那些身體素來不大強壯的女子，受了這種苦處，那身體便格外羸弱，到後來生男育女的時候，因為他的身體不好，那乳水便一

7　楊儒賓：《儒家身體觀》（臺北：「中央研究院」文哲所，1996年），頁9-25、27-83。

8　黃俊傑：《東亞儒學：經典與詮釋的辯證》（臺北：臺灣大學出版中心，2007年），頁190-210。

9　詳可參劉芝慶：《修身與治國——從先秦諸子到西漢前期身體政治論的嬗變》（臺北：花木蘭文化出版社，2015年），第一章。

10　楊瑞松：〈想像與民族恥辱〉，《病夫、黃禍與睡獅：「西方」視野的中國形象與近代中國國族論述想像》，頁43-49。

定不多的。原來人家小孩子的身體氣魄，都和他們爺娘的身體氣魄很有關係，這些身體軟弱的爺娘，怎麼還能夠養出身體強壯的兒女呢？所以中國人的身體，總和病人一般的，奄奄無生氣，難怪外國人都叫我們是病夫國呵！」[11]總言之，中國之所以國力不如人，許多事不如人，內憂外患，其關鍵之一，由國觀人，「病夫國」，是中國人自己的身體問題。

反過來講，病夫而成病國，治療需先抓住病症，病症就在身體，則強國就須強種，但該如何強種呢？

知識份子們看法各有不同，彼此間或也可能充滿矛盾。譚嗣同相信人的身體是可以進化的：「又使人滿至于極盡，即不用一物，而地球上駢肩重足猶不足以容，又必進思一法，如今之電學，能無線傳力傳熱，能照見筋骨肝肺，又能測驗腦氣體用，久之必能去其重質，留其輕質，損其體魄，益其靈魂，兼講進種之學，使一代勝于一代，萬化而不已；必別生種人，純用智，不用力，純有靈魂，不有體魄。猶太古初生，先有蠢物，後有靈物；物既日趨於靈，然後集眾靈物之靈而為人。今人靈于古人，人既日趨于靈，亦必集眾靈人之靈，而化為純用智純用靈魂之人。可以住水，可以住火，可以住風，可以住空氣，可以飛行往來于諸星諸日，雖地球全毀，無所損害，復何不能容之有？」[12]譚嗣同雖非專指中國人，但上節已說他認為中西身體不同，中國人體質較差，則中國人更需按規劃，在進化的路程上努力進化，迎頭趕上，將來殊途同歸，不分中西，則是勢所必至，理所當然了。

嚴復也批評：「蓋一國之事，同于人身。今夫人身，逸則弱，勞則強者，固常理也。」中國的傳統教育，本來也重視此理，先秦時期，庠序校塾，不忘武事，壺勺之儀，射御之教，都是練民筋骸，鼓

---

11 北京師聯教育科學研究所編：《胡適教育獨立思想與教育論著選讀》（北京：中國環境科學出版社，2006年），頁17。

12 譚嗣同：《仁學》（北京：華夏出版社，2002年），頁158。

民血氣的代表，所以孔孟就非文弱書生，甚有魁梧之氣，至此之後，愈來愈重文不重武，重柔讓之教，輕視手足活力，於是體不健身不壯，形魄屖弱，陽剛之氣少，而八股文封錮士人心靈，導致身心俱劣，鴉片纏足更是毀壞中國人身體：「故中國禮俗，其貽害民力而坐令其種日偷者，由法制學問之大，以至于飲食居處之微，幾于指不勝指。而沿習至深，害效最著者，莫若吸食鴉片、女子纏足二事，此中國朝野諸公所謂至難變者也。」[13]國家富強，人民富足，原因往往有三個：「蓋生民之大要三，而強弱存亡莫不視此：一曰血氣體力之強，二曰聰明智慮之強，三曰德行仁義之強。」[14]所以他主張鼓民力，開民智，新民德。

但是，也有人從不同角度看問題，就魯迅來講，他則認為要從精神上入手，要推廣文藝，否則體格再強壯也無用，更何況中國人體質已先天不如人，文藝再不加強，情況會更糟：

> 因為從那一回以後，我便覺得醫學並非一件緊要事，凡是愚弱的國民，即使體格如何健全，如何茁壯，也只能做毫無意義的示眾的材料和看客，病死多少是不必以為不幸的。所以我們的第一要著，是在改變他們的精神，而善于改變精神的是，我那時以為當然要推文藝，于是想提倡文藝運動了。

魯迅在《吶喊》的自序中，先以夢為比喻，以吃藥與醫療作中介，希望借此能挽回國運，改變中國人。但他終於認識到，這樣是不夠的，醫學可以救人，終究非第一要緊事，所以他棄醫從文。[15]但是

---

13 嚴復：《原強修訂稿》，《嚴復集》（北京：中華書局，1986年），頁29。

14 嚴復：《原強修訂稿》，《嚴復集》，頁27-28。

15 值得注意的是，辛亥革命後到「五四」前，知識份子對於「人」的內涵，突出自我，生命至上，奉行個人主義，這與二十世紀所強調的概念頗有不同。可見袁洪亮

魯迅的說法，也並非認為強壯的身體不重要，而是說文武皆備，中國
真正要挽回劣勢，尋求富強，身體與心靈都是必要的，缺一不可。更
何況《吶喊》畢竟是二十世紀二十年代的觀點，跟本文所謂的清末民
初的時限，仍有段距離，因此改造身體，就成了那個時代迫切要思
考的問題。

三　進化與美善：近代以來的身體修身觀

　　從上述的思潮中，我們發現，中國人的身體，如果是中國積弱不
振的源頭之一，那改善身體，就成了一個必須面對的問題。類似的言
論頗多，本文就以廖平與康有為對未來世界的規劃為例，說明兩位學
者，如何回應時代，又如何提出想像的解決之道。

　　同樣是學醫，相較於精神與文藝，廖平則是在他的經學世界中，
認為經學既足以救人，也可以救世，可以是精神的豐饒，當然也可以
是身體的進化改善，止於至善，所以在他的解經世界裡，他更努力學
醫，以醫學來改造人體。

　　對於廖平的研究，學者多關注廖平的經學發展，回顧廖平的學思
歷程，故有經學六變之說。由一、二變的平分今古與尊今抑古，到三
變以後的皇帝王伯、小統大統、天學人學等等，其論愈見恢奇怪誕。
況且，廖平自從經學三變，他的論述已不再是今古文經義的解釋，而
是道通多方，牽引釋、道、醫、方技等範疇，廖平的弟子蒙文通就
說：「廖師大小統以後之說，多推于方技術數，援緯候、醫學、陰陽
家以立義。」對此，章太炎也說：「君之學凡六變，其後三變雜梵書

《中國近代人學思想史》，第五章第一節。用王汎森的話來講，就是從「新民」到
「新人」的轉變，王汎森：〈從「新民」到「新人」──近代中國中的「自我」與
「政治」〉，《思想是生活的一種方式：中國近代思想史的再思考》（臺北：聯經出版
事業公司，2017年），頁53-90。

及醫經刑法諸家，往往出儒術外。」[16]

順著這樣的線索，許多學者探究三變以後的經學發展，就不限於經學本身，更是旁涉其它，並予以細化的分析。[17]而廖平自經學三變以後，開始鑽研並著述老、莊、尸、命理、地理與醫學。特別是熱衷醫理，值得我們注意，因為廖平既不行醫也不執業，他論醫乃基於理論興趣，故所述重在闡述醫理，而非實際治病。除此之外，更是呼應當時社會思潮，希望借此改善中國人的身體、體質，挽回日漸頹喪的國勢，並且拯救中國人的自信心，使其脫離「東亞病夫」之類的譏諷。[18]

我們回到廖平的經學世界。其實從經學四變開始，廖平說法又有變化，「身體」的重要性開始凸顯。首先，他是將《詩》、《易》分屬天學，為周游六漠，魂夢飛身，遨於六合之外，皇帝王霸則全屬人學。原本以皇帝王霸配《詩》、《易》、《尚書》、《春秋》，如今只配《尚書》、《春秋》[19]，至於《老》、《莊》等書，亦隨著《詩》、《易》

---

16 蒙文通：《井研廖師與漢代今古文學》，收於廖幼平編：《廖季平先生年譜》（成都：巴蜀書社，1982年），頁153。章太炎：《清故龍安府學教授廖君墓誌銘》，收於廖幼平編：《廖季平先生年譜》，頁94。

17 關於廖平經學三、四、五變的起迄時間，學界尚有分歧。但不管如何，經學三變顯然是一個關鍵期，因此本文的研究，並不在考證分期時限，而是在說明廖平經學三變以後的思想內涵。關於廖平經學的分期問題，可參劉芝慶：〈廖平的經學與道教〉，《經世與安身：中國近世思想史論衡》，臺北：萬卷樓圖書公司，2017年。

18 更進一步來講，這些醫論之作，當可與廖平論老莊堪輿命理等書並觀。因此不管是以《老》、《莊》、《楚辭》釋經，建構天學，還是以《素問》、《靈樞》為修身之最高等，又或是以《黃帝內經》的五運六氣解《詩》《易》等等，從三變到六變，廖平都企圖將道家道教之學收攝到經學中。此時所謂的經學，就廖平來講，其目的仍在於通經致用，不將經書視為客觀研究對象，轉而研究生活世界意義的來源，考古是為了用今。論六合之外、講白日飛升、說長生服氣，此等道術之說，顯然深刻影響廖平經學三變以後的論點。可見劉芝慶：《廖平的經學與道教》，《經世與安身：中國近世思想史論衡》，頁275-292。

19 陳文豪：《廖平經學思想研究》（臺北：文津出版社，1995年），頁191、194。

而「升級」。《四變記》就說：

> 今故以經傳為主，詳考「至人」、「神人」、「化人」、「真人」、
> 「神人」、「大德」、「至誠」、「大人」，以為皇天名號，而以
> 《靈樞》、《素問》、道家之說輔之，以見聖人人帝之外，尚有
> 天皇，此「天人學」之所分也。

> 周游六漠，魂夢飛身，以今日時勢言之，誠為力所不至。然以
> 今日之民，視草昧之初，不過數千萬年，道德風俗，靈魂體
> 魄，已非昔比。若再加數千年，精進改良，各科學繼以昌明，
> 所謂長壽服氣，不衣不食，其進步固可按程而計也。近人據佛
> 理言人民進化，將來必可至輕身飛舉，眾生皆佛。[20]

　　廖平怎麼以「《靈樞》、《素問》、道家之說輔之」呢？他認為《靈
樞》、《素問》裡的「黃帝」當為「皇帝」，「岐伯」當為「二伯」，為
治「皇帝學」之專書。其中又可分為天學人學、治天下、治病三門，
治天下者為「帝學」；言天道人身應天地者，則為「皇學」；醫學專書
則是入「藝術」。而醫書中屢屢言及「道」，廖平認為這就是求道，亦
即孔子之道，是以身比天地，因修身以存道，相較於《容經》為普通
修身、《洪範五行傳》為仕宦修身，《靈樞》、《素問》可謂最高等的修
身，為《中庸》（屬天學）「至誠」的基礎，其後漸序進展，再加上科
學發達，「近人據佛理言人民進化，將來必可至輕身飛舉，眾生皆
佛」。此外，《楚辭》、《山海經》、《老》、《莊》、《列》、《穆天子傳》等
書，或言地理，以地球為齊州，或言形神俱融、辟穀飛升之事，又或

---

20 廖平：《四益館經學四變記》，收於李耀仙編：《廖平選集》（上冊）（成都：巴蜀書
　社，1998年），頁553-554。

是佛教說世界進化，眾生皆佛，而佛又出於道，諸書皆盡屬天學之列。[21]

　　值得注意的是，在經學四變中，人的身體是需要修身的，而修身又有等級之分，如普通修身、仕宦修身之類，修身也非精神內涵上的調養而已，而是真的跟身體有關，修身是內外兼具發之於內，顯之於外。到了最後，科學發達，醫學昌明，人的身體經過進化之後，可以改善原本的缺憾，可以長壽，甚至不衣不食，精神飛舉，就像神明佛祖一樣。廖平經學四變的時間，各家學者認定雖不同，但起始點都是在二十世紀初，與我們前面所提到的社會思潮、輿論走向，是相當一致的。[22]

　　但是，要改變身體，特別是中國人的身體，除經學之外，廖平異於他人之處，在於將醫術與經學結合。他之所以研究醫術，也是因為他漸漸意識到，不管是由人企天，還是人學為天學、為世界進化之本，人的「身」（形）都是基礎。廖平在《〈內經〉平脈考》注曰：「太初之無，謂之道也；太極未形，物得以生，謂之德也；未形德者有分，且然無間，謂之命也；此命流動生物，物成生理，謂之形也；形體保神，各有所儀，謂之性也。是以血氣精神，奉于一形之生，周于形體所儀之性，亦周有分無間之命，故命分流動成形體，保神為性，形性久居為生者，皆血氣之所奉也。」這段話與《莊子‧天地》「泰初有無，無有無名，一之所起，有一而未形。物得以生，謂之德；未形者有分，且然無間，謂之命；留動而生物，物成生理，謂之形；形體保神，各有儀則，謂之性。性修反德，德至同于初」[23]，頗

21　廖平：《四益館經學四變記》，收於李耀仙編《廖平選集》（上冊），頁554-557。

22　廖平經學三變之後，其說之所以愈見恢奇怪誕，並非全從經學一、二變中的解經衍繹而出，而是他在借由接觸道術，乃至於佛教的過程中漸受影響所致。詳可參劉芝慶：〈廖平的經學與道教〉，《經世與安身：中國近世思想史論衡》。

23　廖平：〈〈內經〉平脈考〉，《廖平醫書合輯》（天津：天津科學技術出版社，2010年），頁1462。郭慶藩：《莊子集釋》（北京：中華書局，2004年），頁424。

為類似，廖平顯然是有所本。此處廖平基本上是融用莊子文句來注解《內經》，側重點又有不同，莊子主要在說明人必須性修返德的復初功夫，然後與天地為合，同乎大順；廖平此處卻強調血氣精神與形性的關係，以呼應注解《內經》文句：「人之血氣精神者，所以奉于生而周于性命者也。」就廖平看來，重「生」重「性命」，就不能不重視其所居存的「形」，如此才能進一步談脈象變化。形體，是血氣精神之所聚，也唯有先立此基礎，求之於身，才可能從人學發展到天學，從神遊到脫殼飛升的形遊。如此發展，既不可躐等，更不會一蹴可及。

而中國人自幼耳濡目染，對天人之學的經典，本就不隔，再加上語言的親切與方便，當然更容易改善身體，強化體魄，遠離病夫行列。所在相關醫書著作的輯補疏證中，廖平在一九一二年著成《人寸診比類篇》、《古今診皮篇》之後（此時約屬經學三、四變之間），便開始致力醫學，不但有治病的考慮，同樣也有闡釋自身理論，建構大統或天學的需要。因為前者屬人事，後者則是天道，然後再搭配《大學》、《中庸》等書，綰合了他由人學到天學的理路進程——更重要的是，他要改造國人體質。他自署楹聯「燮理陰陽，初諳人寸；掃除關尺，進以皮膚」，便可見此理。[24]因此廖平《古今診皮名詞序》指出「尺」，應當作「皮」，「尺之為文與皮字之形相似」。[25]診尺即是診皮，尺膚就是皮膚，於是集匯診皮者為一門，並進而提倡「五診法」：「《診皮》末附以《五診法》，《經》每以皮（腠理）、絡（一作肉分）、經（三部九候診經脈）、筋（有經筋篇）、骨（筋骨亦作髒府）以淺深層次，分屬臟府，及邪風傳移，最關緊要，今別匯為一門，名曰《五診法》。」[26]這些都是就實際的人體治療來講的。《診絡篇補

---

24 張遠東、熊澤文編著：《廖平先生年譜長編》（上海：上海書店，2016年），頁205。
25 廖平：《古今診皮名詞序》，《廖平醫書合輯》，頁95。
26 廖平：《古今診皮名詞序》，《廖平醫書合輯》，頁96。

證》則是解釋經脈與絡脈之異及其相關主病治法，例如廖平解釋《靈樞・血絡篇》的題旨，就說「絡為輕病，其絡有淤血，可以目見，以瓷鋒或針刺出惡血，則病自愈，故以血絡名篇」[27]，又說《內經》結脈，乃指絡脈，而非經脈。[28]辨別經絡脈，重在闡述辨析，但以針刺出惡血，就是在講具體醫法。《診骨篇補證》則是注述骨節大小、長短與廣窄，然後定其脈度，「故曰骨為幹，脈為營，如藤蔓之營附于木幹也」[29]，並以圖文並列方式，附錄《周身名位骨》以證之。[30]《藥治通義輯要》，更說病有新舊，故療法亦有不同，用膏、藥酒、湯、煎、丸等等，各有特性，「邪在毫毛，宜服膏及以摩之，不療，廿日入于孫脈，宜服藥酒……不療，六十日傳入經脈，宜服散……」[31]如此種種，都可視為「人學」的一環，是專為闡述醫理與治疾病理而作，既是醫學專書，當然就注重人體，闡述醫理更是為了要治病，而要探究人體疾患，改善病夫體質，就更必須分析醫理，兩者是不可分的。

不只如此，廖平對醫學的研究，更觸及了筋肉、骨髓、傷寒、時方、經方、溫病，他對骨骼辯證、釋骨，從周身名位骨來談筋脈和同、骨髓堅固、氣血皆順的問題，所以才有此類的說法：「腎屬水，腎藏精，骨藏髓，精髓同類，故腎合骨。發為經血之餘，精髓充滿，其發必榮，故榮在發。水受土之制，故腎以脾為主。」[32]治國醫人，皆該由此而觀，他甚至認為這是經學，是孔門大道，所以更要遵從，「《靈》、《素》全出孔門，以人合天，大而九野十二水，為平天下大法；小而毛髮支絡為治一身支疾病」，「治國醫人，皆所合通者……收

---

27 廖平：《診絡篇補證》，《廖平醫書合輯》，頁190。
28 廖平《診絡篇補證》，《廖平醫書合輯》，頁199。
29 廖平：《診絡篇補證》，《廖平醫書合輯》，頁417。
30 廖平《周身名位骨》，《廖平醫書合輯》，頁426-442。
31 廖平：《藥治通義輯要》，《廖平醫書合輯》，頁1002。
32 廖平：《骨髓門》，《廖平醫書合輯》，頁422。

五行以歸經學……治法可以重光，于醫學中掃除荒蕪，自有澄清之
望」[33]。

　　而在改善身體的過程中，廖平又引入進化的觀念：「精進改良，各
科學繼以昌明，所謂長壽服氣，不衣不食，其進步固可按程而計也。」
關於進化論或是演化論，王汎森就指出，在近代中國思潮中，許多學
者常常把歷史發展視為進步的，有意志的。這種導向某一個目標，持
續向上，止於至善的「線性歷史觀」，談演化，述公例，說古今，在進
化的過程中，確定自己的定位與方向，正是晚清以來的普遍做法。[34]

　　廖平談進化，除加進身體改善的因素之外，更多添了理想性：美
善的未來世界。在他的規劃中，從人學到天學，天學又以人道為基
礎，其後神游形游，遨於六合之外，眾生成佛，辟穀飛升，人人皆為
至人。

　　　天學以人道為基礎，世界進化資格以禽獸、野人、庶人、士大
　　　夫、君子、諸侯、天子，分八等。今日中國孔教開化二千年，
　　　可謂由庶人以進士。海外其高者，則常在庶人之域。以時局
　　　言，又為一大戰國，所謂處士橫議，諸侯放恣之世界。必數千
　　　百年地球共推數大國為主，然後為帝局，全球人民略有人士之
　　　程度。又數百年而後地球大一統，如秦始之併合而後為皇局，
　　　人民程度由士大夫以進天子，則更非數萬年不能。然此為人皇
　　　尚書之學，至此始滿其量，乃由人而企天，至其歸極，人人有
　　　至人資格，釋氏所謂眾生皆佛……人人可以上天入地，同行同
　　　歸……[35]

33　張遠東、熊澤文編著：《廖平先生年譜長編》，頁229。

34　王汎森《近代中國的線性歷史觀──以社會進化論為中心的討論》，《近代中國的史
　　家與史學》（香港：三聯書店，2008年），頁50-108。

35　廖平：《莊子敘意》，嚴靈峰編《無求備齋莊子集成初編》（臺北：藝文印書館，
　　1972年），頁8-9。

廖平在《倫理約編敘例》中，正是以此七等來談進化資格。進化的公例，分別是禽獸、野人、庶人、士大夫、君子、諸侯、天子，不過七等[36]，至人為最後一種，故有八等。而地球大一統，人民程度由士大夫進步到天子，但尚非至善，只是「人皇尚書之學，至此始滿其量」，要到了人人有至人資格，至其歸極，人人可以上天入地，同行同歸才算是圓滿境界。

這就是廖平理想中的未來，因為身體的改造，促成了社會的真善美，這種規劃，充斥著濃厚的人文美學，是純樸與文明至極的進化社會，廖平就說：「文明與純樸，皆盡其長，乃為盡善盡美。經傳古說兼存二義，相反相成，各有妙理。……不知即純樸一事，古來猶雜滿野，必後世之皇帝一統大同，文明與純樸皆盡，乃真所謂純樸。則亦未嘗不後人勝于前人。」[37]所謂的純樸，並非文明的對立，而是兩者皆盡，止於至善，充滿了美感與道德、科技與進化的大同一統。

除了廖平，康有為也是將身體納入進化想像中的重要人物。關於康、廖思想的關係，多有糾葛，模仿之處，亦復不少，因非本文主旨，故不處理這個問題。[38]《大同書》是理解康有為思想的重要著作，成書年代大概是十九世紀末二十世紀初期左右，正如汪榮祖所言，大同是康有為三世說不可分割的一部分，《大同書》雖晚出，但不能證明康有為大同思想也晚出。[39]

學界論大同理想者甚多，本文略人所詳，直接指出，康有為認為大同世界的來臨，源自人類形狀體格相同：「夫欲合人類于平等大

---

36 參見廖平：《孔經哲學發微》，收入李耀仙編：《廖平選集》（上冊），頁325-327。

37 參見廖平：《知聖續篇》，收入李耀仙編：《廖平選集》（上冊），頁268-269。

38 康、廖二人的學術淵源與抄襲問題，可參劉芝慶：〈論康有為與廖平二人學術思想的關係——從〈廣藝舟雙楫〉談起〉，《經世與安身：中國近世思想史論衡》。

39 關於《大同書》確切的出版與形成年代，詳見朱維錚《導言》，收於康有為著、朱維錚編校：《康有為大同論二種》，上海：中西書局，2012年。汪榮祖：《康有為》（臺北：東大圖書公司，1998年），頁117-118。

同，必自人類之形狀、體格相同始，苟形狀、體格既不同，則禮節、事業、親愛自不能同。夫欲合形狀、體格絕不同而變之使同。」[40]要怎樣改變人種呢？就從男女交合，改善基因做起。

他認為白種人與黃種人較好，前者又勝於後者。黑、棕種人就很差了，黑種人鐵面銀牙，至蠢極愚，左觀右看，前視後睹，似豬若牛，蠢如羊豕，若要以黑種人直接交配白種人，鮮花插在牛糞上，蛤蟆是不可能變成西施的，也是人情所不願。棕種人比黑人優些，但五十步笑百步，也不會太好到哪去：「目光黯然，面色昧然，神疲氣荼，性懶心愚，耗矣微哉，幾與黑人近矣！然頭尚端正，下頦不出，則腦質非極下也……」[41]

要改善黑種人，可採遷地、雜婚、飲食習慣、沙汰去蕪等方法：「故欲致諸種人于大同，首在遷地而居之，次在雜婚而化之，末在飲食運動以養之，三者行而種人不化，種界不除，大同不致者，未之有也。當千數百年，黃人既與白人化為一矣，棕、黑人之淘汰變化，餘亦無多。如大同之世，行沙汰惡種之方，獎勵遷地雜婚之法，則致大同亦易易也。」[42]棕種人較好些，同樣遷其地，改其食，然後通婚，先變為黃人，再變為白人，循序漸進，為時未晚，不像黑人，天生差劣，問題重重，比較難救。

至於最為康有為關注的黃種人，特別是中國人，「白種之強固居優勝，而黃種之多而且智，只有合同而化，亦萬無可滅之理」，「凡日食用煎牛肉半生熟、血尚紅滴者，行之數月，面即如塗脂矣。若多行太陽之中，挹受日光，游居通風之地，吸受空氣，加以二三代合種之傳，稍移南人于北地，更易山人于江濱，不過百年，黃種之人，皆漸為白色，加以通種，自能合化，故不待大同之成，黃人已盡為白人矣。

---

40 康有為著、朱維錚編校：《康有為大同論二種》，頁148。

41 康有為著、朱維錚編校：《康有為大同論二種》，頁145。

42 康有為著、朱維錚編校：《康有為大同論二種》，頁151。

是二種者已合為一色，無自辨別……」[43]康有為對人種的判別，當然充滿偏見，同時也受歐洲中心主義，以及地理氣候決定論的影響。[44]

　　我們也必須指出，如果自然環境對人種有著強烈影響，康有為所做的，並非挑戰自然，人與天鬥，而是順天應人，聽天命，順時勢，用遷徙、調整習慣等方法，重新適應自然，以符合進化原理。而這種改善，當然是從身體的改造而來：「故人類之色狀、體格視乎飲食、起居、運動，而以傳種為甚。而傳種之故，因於地宜，積于天時之氣候者也。」所以近熱帶者必黑，近冷帶者必白，因此移轉地方，勢在必行，同時也會改變起居飲食等人倫日用，然後影響傳宗接代，善種存，惡種去。「人種者，由地宜天時積成，則亦可遷地而移其形色也。若以棕黑之人遷之四五十度近海之地或三四十度陸地，積世易種，形色必變為黃人。」「故欲致諸種人于大同，首在遷地而居之，次在雜婚而化之，末在飲食運動以養之，三者行而種人不化，種界不除，大同不致者，未之有也。當千數百年，黃人既與白人化為一矣，棕、黑人之淘汰變化，餘亦無多。如大同之世，行沙汰惡種之方，獎勵遷地雜婚之法，則致大同亦易易也。」[45]

　　從改造身體，變化人種，然後影響社會制度、國家體制。康有為以公羊三世說來對應，直接以「人類進化表」[46]稱之：

43 康有為著、朱維錚編校：《康有為大同論二種》，頁145。
44 李廣益：〈「黃種」與晚清中國的烏托邦想像〉，《中國現代文學研究叢刊》2014年第3期，頁23-25。
45 康有為著、朱維錚編校：《康有為大同論二種》，頁150-151。
46 康有為著、朱維錚編校：《康有為大同論二種》，頁152-154。

表一　康有為人類進化表

據亂世	升平世	太平世
人類多分級。	人類少級。	人類齊同無級。
有帝，有王，有君長，有言去君為叛逆。	無帝王、君長，改為民主統領，有言立帝王、君長為叛逆。	無帝王、君長，亦無統領，但有民舉議員以為行政。罷還後為民。有言立統領者以為叛逆。
以世爵、貴族執政，有去名分爵級者，以為謬論。	無貴族執政，雖間存世爵、華族，不過空名，無政權，與齊民等。	無貴族、踐族之別，人人平等，世爵盡廢。有言立貴族、世爵者，以為叛逆。
有爵，有官，殊異于平民。	無爵，有官，少異于平民，而罷官後為民。	民舉為司事之人，滿任後為民，不名為官。
官之等級較多。	官級稍少。	官級較少。
有天子、諸卿、大夫、士。	有同齡、大夫、士三等。	只有大夫、士二等。
有皇族，極貴而執權。	皇族雖未廢而僅有空明，不執權。	無皇族。
有大僧，為法王、法師、法官。	削法王，猶為法師、法官、議員。	無大僧。
族分貴賤多級，仕宦有限制，賤族或不得仕宦。	雖有貴賤之族而漸平等，皆得仕宦。	無貴賤之族，皆為平民。
族分貴賤，職業各有限制，業不相通。	雖有貴賤之族，而職業無限，得相通。	職業平等，各視其才。
女子依與其夫，為其夫之私屬，不得為平人。	女子雖不為夫之私屬而無獨立權，不得為公民、官吏，仍依與其夫。	女子有獨立權，一切與男子無異。

據亂世	升平世	太平世
一夫多妻，以男為主，一切聽男子所為。	一夫一妻，仍以男為主，而妻從之。	男女平等，各有獨立，以情好相合，而立和約，有期限，不名夫婦。
族分貴賤，多級數，不通婚姻。	族雖有貴賤而少級，婚姻漸通。	無貴賤之族，婚姻交通皆平等。
種有黃、白、棕、黑貴賤之殊。	棕、黑之種漸少，或化為黃，只有黃、白，略有貴賤而不甚殊異。	黃、白交合化而為一，無有貴賤。
黃、白、棕、黑之種，有智愚迥別之殊。	棕、黑之種漸少，或化而為黃，只有黃、白，略有智愚，而不甚懸絕。	諸種合一，並無智愚。
黃、白、棕、黑之體格、長短、強弱、美惡迥殊。	棕、黑之種漸少，或化為黃，只有黃、白，雖有長短、強弱、美惡而不甚懸絕。	諸種體格合一，皆長，皆強，皆美，平等不甚殊。
白、黃、棕、黑之種不通婚姻。	棕、黑之種甚少，各種互通婚姻。	諸種合一無異，互通婚姻。
主國與屬部人民貴賤迥殊。	主國與屬部人民漸平等，不殊貴賤。	無主國屬部，人民平等。
有買賣奴婢。	族免奴婢為良人，只有僕。	人民平等，無奴婢，亦無雇僕。

關於康有為與中國公羊學的關係過於複雜，本文限於篇幅，不能盡說，但康有為與董仲舒、何休等公羊學家的差異之一，是康有為把許多西方思潮與器物，諸如進化論、人種學、平等觀等等，加入其中。[47]我們發現這種進化，其實就是以人種作為基礎的，身體原來是

---

47 關於公羊學與康有為的關係，可見劉芝慶：〈論康有為與廖平二人學術思想的關係——從〈廣藝舟雙楫〉談起〉，《經世與安身：中國近世思想史論衡》。

世界秩序同歸的關鍵。

當然，這樣的大同世界，有節有度，有制有教，有序有規，有質有文，人文風俗，科學昌明，盡善盡美，既是技術的，也是道德的，同時更是美感的生活。在世界裡，身體享有充分的器備禮具之樂：「居處之樂」、「舟車之樂」、「飲食之樂」、「衣服之樂」、「器用之樂」、「淨香之樂」、「沐浴之樂」、「醫視疾病之樂」。大同之人，身上都是沒有體毛的，所以六根清淨，不藏汙納垢：「大同之世，自髮至鬚眉皆盡剃除，五陰之毛皆盡剃落，惟鼻毛以禦塵埃穢氣，則略剪而留之。蓋人之身，以潔為主，毛皆無用者也。凡鳥獸則純毛，野蠻之人體亦多毛，文明之人剪髮，太平之人，文明之至也，故一毛盡拔，六根清淨。」這樣的身體，當然是香淨文明、完美的身體，所以那時最醜的人，都遠比現在的美人好看：「故太平之世，人人皆色相端好，潔白如玉，香妙如蘭，紅潤如桃，華美如花，光澤如鏡，今世之美人尚不及太平世之醜人也。」[48]除此之外，當然還有內化心靈的超越自由，「煉形神仙之樂」、「靈魂之樂」：「于時人皆為長生之論，神仙之學大盛，於是中國抱朴、貞白丹丸之事，煉煞、制氣、養精、出神、尸解、胎變之舊學，乃大光于天下。人至垂老，無不講求，於是隱形、辟穀、飛升、游戲、耳通、目通、宿命通，亦必有人焉。若是者，可當大同之全運，或亦數千年而不絕益精也。」[49]康有為還擔心人人追求至極美善，沒人工作，影響世界運行，所以還加上但書：有恩報恩，政府教養二十年，就必須工作二十年回報，四十歲之後，正式退休，求仙養形，御氣尸解，乘光騎電，隨心所欲而不逾矩，逍遙自適，悉隨尊便。

48 康有為著、朱維錚編校：《康有為大同論二種》，頁316。
49 康有為著，朱維錚編校：《康有為大同論二種》，頁318。

四　改造現在，走向未來：修身的新定義

　　康有為、廖平二人的說法，當然不能代表全部思潮，或許該這樣說，清末民初以來的思想家，對於身體的改造與進化，都有自己的方法，彼此承襲者有之，獨特之處，也所在多有。本文並非專門討論這些進化改造之道，而是以康、廖為例，來說明近代思潮中常被人忽略的「身體」因素。不管激進或保守，不論是世界的還是民族的，不分中學或西學，中國既然需要富強，回應世界，則這樣的身體，就是需要進化改變的。因此，傳統以來的「修身」，既修內心也養身體，雖然大原則不變，卻是舊瓶裝新酒，不論是從醫術改造身體，還是從經學回歸內在，又或是人種進化，白黃膚色，混同相合。這種新時代的修身觀，既承繼過往，又呼應現代，中國思想傳統的現代詮釋，反本而開新，看似復古，實則自己的話多，古人的話少。而在自處的文化脈絡與存在境遇中，去努力，去追求，去尋找，真誠地思考時代的問題，解決社會的危機，替這個曾經輝煌如今看來卻萎靡不振的大國量身定位，繼往開來，建構烏托邦。[50]

　　這些修身觀，其說雖愈見恢奇附會，空談規劃，擬測理境，但怪誕的另一面，其實就是救世之心，當又是源自他們的時代感受。從一個人到一個時代，從康、廖到近世，從清末學說到民初思潮，跫音遠去，我們彷彿看到了具體實在的生命主體，或沉思或浮躁，或偏激或狂傲，奔走道途，衣沾不足惜，但使願無違，踽踽獨行在這三千年未有之變局。

---

50 回顧百餘年間的世界思想史，追求理想國烏托邦的論著非常多，近代中國也是如此。可見蕭公權著，汪榮祖譯：《康有為思想研究》（臺北：聯經出版事業公司，1988年），頁458-481。李廣益：〈「黃種」與晚清中國的烏托邦想像〉，《中國現代文學研究叢刊》2014年第3期，頁13-28。

從中西之分到天人之際：榮格與《易經》

一　關於榮格[1]

卡爾・古斯塔夫・榮格（C. G. Jung, 1875-1961），著名心理學家和精神病醫生、西方文藝心理學的代表人物，以及分析心理學的創始人。[2]榮格有關《易經》的直接論述，集中於他為維爾海姆（蔚禮賢）所譯《易經》之英文版所作序言，也成為其最有影響的文本之一。

1　本文的研究，受好友蔡文晟博士啟發甚多，謹此致謝。我與文晟比鄰而居，時相過從，論學辯難。他專研影迷精神，對榮格更是別有會心，極具生命感受，相當熟悉英法學界的相關文獻。

2　若依法國分析心理學學會（SFPA）前主席Viviane Thibaudier的說法，法國民族性中的笛卡兒主義，導致榮格持續成為一個被法國知識界、大學院校「放逐的」局外人，見Viviane Thibaudier, *100% Jung*, Paris, Eyrolles, 2011, 頁2。此書有中譯本，嚴和來譯：《百分百榮格》（桂林：灕江出版社，2015年）。其實，法國對榮格的研究，以東西方的對話、碰撞、匯流為問題意識，切入榮格思想世界，方興未艾，研究頗多。特別是2009年《紅書》問世之後，史特拉斯堡大學的德國文學、印度學專家，同時也是《紅書》法文版譯者Christine Maillard教授，他在2017年出版的重量級作品*Au coeur du Livre Rouge: Les Sept Sermons aux morts, Paris, Imago*，即是用比較宗教學的研究方法，重新精讀《紅書》的內核，亦即《對死者的七次布道詞》。我們知道，該布道詞是這樣開始的：「向死者進行的七次布道。這是巴西利德斯在亞歷山德里亞所寫，在這裡東方和西方相互交融」。另一本值得關注的著作，則是由塞爾維亞的榮格學派精神科醫師Vladeta Jerotić，所撰的*Jung entre l'orient et l'occident, Lausanne*, L'Age d'Homme, 2012。更是法國學界首度譯入非西歐思想體系的榮格研究，書中除了論及基督教、煉金術和東亞宗教外，亦兼論東正教，重要性自是不容小覷。

　　榮格和東方的淵源，正如國際分析心理學會主席默瑞‧斯丹（Murray Stein）所說：「必須認識到，分析心理學本身，深深地植根於中國文化和中國哲學之中。卡爾‧古斯塔夫‧榮格教授，這位極富靈性的分析心理學的創立者，就是中國思想的忠實學生。」[3]當然，榮格自己也承認，他的某些觀點源自東方思想的啟蒙，最明顯的例子，莫過從《易經》中討論「同時性原理」。他於晚年提倡，推崇不已，並藉此挑戰人類建構知識的基本設定——因果律。

　　根據目前的研究，與佛洛伊德決裂後，榮格飽受迷失方向之苦，與無意識的幻象往來，到幻象平息（1913-1919），以及危機解決（1920-1928），榮格開始將自性的實現，視為生命終極關懷，也從以自我為基礎的個體心理學（ego-based personal psychology），轉向以自性為基礎的原型心理學（self-based archetypal psychology）。[4]而榮格全面研索《易經》，開始於二十世紀初的一個夏季，他決心要弄清楚「《易經》中的答案是否真有意義」。當時，他被自己所見到的「驚人的巧合」迷住了：他發現答案有意義，實乃常例。一九二〇年，榮格開始在治療中採用《易經》中所描述的方法，療效甚顯。到一九二五年的非洲之行結束，他已經熟悉了《易經》，並對這些富有意義的答案深信不疑。榮格高度讚譽《易經》：「很可能再沒有別的著作像這本書那樣體現了中國文化的生動氣韻。」[5]

　　學界關於《易經》與榮格分析心理學的研究，研究頗多。有從體現榮格心理學思想與中國文化關係入手，外文的研究，最具直接相關的作品，包括 Harold Coward, *Taoism and Jung: Synchronicity, Philosophy*

3　Murray Stein, *Foreword to Heyong Shen'Book*‧見申荷永：《心理分析：理解與體驗》序言，北京：三聯書店，2004年。

4　蔡怡佳：〈邁向心靈整體的朝聖行：分析心理學的心靈與宗教〉，《宗教心理學之人文詮釋》（臺北：聯經出版事業公司，2019年），頁196。

5　劉耀中，李以洪：《建遺靈魂的廟宇——西方著名心理學家榮格評傳》（北京：東方出版社，1996年），頁208。

East and West。作者認為，較之印度教，《易經》對榮格日後同時性以及自性等概念的提出，更具影響力。談論榮格和東方思想（包括禪、藏傳佛教、易經）的專書，則有 *Jung and Eastern Thought: A Dialogue with the Orient*，本書明確指出，榮格的同時性思想，意在豁顯一種具有「總體論」色彩的存在。[6]而直接從易經或老莊思想入手，來談榮格者，就瀏覽所及，專著尚不太多，比較值得注意的是 *The Tao of Jung: The Way of Integrity*。此書風格特殊，作者結合個人生命經驗體悟，以及榮格思想體系，既抒情也學術，文字優美，亦論亦述。[7]

　　中文方面的研究，如高嵐、申荷〈榮格心理學與中國文化〉，汪新建、俞容齡〈榮格與《易經》：溝通東西方文化的心理學嘗試〉；有聚焦同時性與《易經》關係，如曹雅馨《遙契與扞格：榮格「共時性」觀念對《易經》的援用及改造》、趙娟《論《周易》的時間觀念——一個文化史的視角》。李娟、沈士梅〈榮格的《易經》心理學思想探微〉、彭賢〈榮格與《易經》〉；或從心理學各角度分析其與《易經》關聯，如徐儀明〈《易經》心理思想研究〉、趙方強〈對《周易》的心理學思想研究的幾點淺見〉、姜祖桐《易學心理學》、范勁：〈中國符號與榮格的整體性心理學——以榮格的兩個「中國」文本為例〉等，因本文並非專門文獻回顧的介紹，就不一一羅列。[8]關於榮

6　J. J. Clarke, Jung and Eastern Thought: *A Dialogue with the Orient*, London, Routledge, 1994.

7　David Rosen, *The Tao of Jung：The Way of Integrity*, New York, Viking, 1996,已有中譯本，申荷永譯：《榮格之道》（北京：社會科學文獻出版社，2003年），頁206-208。但作者強調榮格的自性化是從太極走向無極的過程，顯然誤讀，並不正確。

8　高嵐、申荷永：〈榮格心理學與中國文化〉，《心理學報》第30卷第2期（1998年），頁219-223。汪新建、俞容齡：〈榮格與《易經》：溝通東西方文化的心理學嘗試〉，《南京師大學報（社會科學版）》第1期（2006年1月），頁107-110。曹雅馨：《遙契與扞格：榮格「共時性」觀念對《易經》的援用及改造》（上海：上海師範大學碩士論文，2017年）。趙娟：《論《周易》的時間觀念——一個文化史的視角》（上海：復旦大學博士論文，2012年）。李娟、沈士梅：〈榮格的《易經》心理學思想探

格與《易經》的關係，正如范勁所指出：

> 榮格眼中的《易經》，是一個精巧的心理學系統，它組織原型間的互戲，溝通意識和無意識。它把占問者置于整體性的宇宙背景中，從而讓現實情景的隱蔽意義得以凸顯。在占卜過程中，占問者走出理性的自我，接受外在世界的偶然性——由揲著變易之數所代表——的侵入，又借助卦象重建和無意識之間的聯繫。這樣一來，自我就讓位於一個和宇宙相關聯的自性，「個體化」的過程就實現了。[9]

話雖如此，榮格對《易經》的解讀，仍帶有西方的視野。相較於中國傳統，他更強調的是心理層面的分析，[10]卜筮解卦，自我必與自性角

微〉，《周易研究》2011年第5期，頁57-61。彭賢：〈榮格與《易經》〉，《周易研究》2003年第2期，頁19-27。徐儀明：〈《易經》心理思想研究〉，《齊魯學刊》2005年第1期，頁26-31。趙方強：〈對《周易》的心理學思想研究的幾點淺見〉，《心理學探新》第27卷第3期（2007年），頁11-14。姜祖桐：《易學心理學》（上海：上海三聯書店，2005年）。范勁：〈中國符號與榮格的整體性心理學——以榮格的兩個「中國」文本為例〉，《江漢論壇》2013年第6期，頁107-112。

9 范勁：〈中國符號與榮格的整體性心理學——以榮格的兩個「中國」文本為例〉，《江漢論壇》，2013年第6期，頁110。

10 以心理學解《易》，自然也容易引起批評，鄭吉雄就認為，其實榮格並未自認是《易》學家，榮格所說，多屬心理學層面，基本上與《易》無關。可見鄭吉雄：《周易階梯》（北京：上海古籍出版社，2009年），頁234-235。本文的意見則剛好相反，榮格以卜筮切入《易經》，開拓了《易經》許多隱而未顯的意義，也正是榮格的卓見。另，鄭吉雄說榮格寫這篇序言，並不愉快，榮格又稱《易經》為咒語集，此說恐非。首先，榮格認為，有些學者將《易經》視為咒語集，故撰文反駁，而想到許多人至今仍對《易經》認知不清，他們往往又自認為科學家，覺得《易經》是迷信、不科學。榮格謙稱自己也屬其中，只是相比之下，他顯然較少誤讀《易經》，心中偏見較少，所以寫序時，想到當時人的理解狀況，才會說並不愉快，還深感惶恐，他在文章中段提及：「因此，我必須承認在寫這篇序言時，我並不感到太過快樂。要引薦古代的咒語集給具有批判能力的現代人。」英文版原文（同樣由榮格撰寫）："I must confess that I had not been feeling too happy in the course of writing

力，競逐苦思，然後昇華，也就是自我先沒入潛意識，繼而從中分抽離的過程，而這種方式是跨越時空，類同其所指出的集體無意識。如果就這個角度來理解，心理層面到集體無意識論述，則是榮格版本的天人合一。因此，在空間與時間都無法阻隔心靈的觀察下，使得同時性成為可能。然其重心仍放置在心理，如范勁所言：「榮格真實的目的，其實是要借助《易經》的象徵模式去暗示整體空間中意識和無意識的具體交流情形。」[11] 雖然，相較於榮格的看法，許多研究《易經》的學者，更強調的是天人感應，「人」與「物」作為互為主體性的可能，即便帶有叩問心理的省思，重點更在於感通。

因而，本文擬從同時性的討論下，詳人所略，略人所詳，比較其與《易經》思維的差異；繼而由幾種看似對立原型的思考，突顯其與《易經》中陰陽概念的吸收與轉化；最後統攝於原型底下，帶出類似於《易經》中變與不變的道理。

二　中西之分：榮格視野中的易經

研究者早已指出，從十六世紀開始，西方學界對《易經》的關注，日漸加深，德國衛禮賢（Richard Wilhelm）與英國理雅各（James Legge）的譯本，最為著名。相較之下，前者的翻譯精準度，勝於後者，更受注目。衛禮賢從《繫辭傳》得到啟發，極為認同「窮則變，

---

this foreword, for, as a person with a sense of responsibility toward science, I am not in the habit of asserting something I cannot prove or at least present as acceptable to reason. It is a dubious task indeed to try to introduce to a critical modern public a collection of archaic 'magic spells,' with the idea of making them more or less acceptable."，這是反諷式的用法，也是榮格的特殊文風，針對的是那些誤會者，並非真的認為《易經》是咒語集（magic spells）。

11 范勁：〈中國符號與榮格的整體性心理學──以榮格的兩個「中國」文本為例〉，《江漢論壇》，頁110。

變則通,通則久」的概念,藉此契入《易經》世界,探討世界宇宙與人類社會的許多問題。在此之後,其子衛德明(Hellmut Wilhelm, 1905-1990)受到父親的影響,與貝恩斯(Cary F. Baynes)合譯其父《易經》的英文版本,至於貝恩斯,他又另外把衛德明的《變化:易經八講》(*Changes, Eight Lectures on the "I Ching"*),翻譯成英文,並在美國出版。[12]

榮格多次承認,自己在遇見衛禮賢以前,早已熟讀《易經》,但衛禮賢對他的啟發,仍大且深。而且他對榮格造成的影響,並非《易經》這本書而已,衛禮賢又另外譯有《太乙金華宗旨》(德譯本為《金華秘旨》),方維規就認為這兩部著作,可能造就了榮格思想中的許多重要觀點。[13]

就榮格看來,由於西方對意識的獨尊,使得被壓抑或無法被意識到的無意識,轉而以心理疾病的方式出現。在榮格眼底,《易經》如同金花、基督、曼荼羅等,都是整體的象徵,藉由中西文化的比較涵融,榮格開啟了對中國文化傳統的吸收和參照,其中最人所熟知的,莫過於「個性化」、「同時性」、「集體無意識」等說法。「同時性」,或曰「共時性」,最早是他在一九三〇年,悼念尉禮賢的演講中提出,英文名稱:Synchronicity。榮格點出中西方在思維上的差異,西方科學建立在因果法則,而中國所重視的是繁複自然律所構成的經驗實體。如對中國人而言,某一情境內發生的事,無可避免地會含有特屬於此情境的性質,西方則非如此。[14]表現在《易經》上,其作者相信

---

12 賴貴三:〈《易》學東西譯解同──德儒衛禮賢《易經》翻譯綜論〉,《臺北大學中文學報》第16期(2014年9月),頁29-65。

13 方維規:〈兩個人和兩本書──榮格、衛禮賢與兩部中國典籍〉,《清華大學學報(哲學社會科學版)》第30卷第2期(2015年)。除此之外,諸如《心理學與煉丹術》、《煉丹術研究》、《神秘契合》等等,都可說是榮格受到道教影響之後的著作。

14 榮格著,楊儒賓譯:《東洋冥想的心理學──從易經到禪》(北京:社會科學文獻出版社,2000年),頁206-208。

卦爻在某情境運作時，它與情境不僅在時間上，更在性質都是契合的，卦爻是成卦時情境的代表。[15]

同時性，又稱共時性，為偶然的一致之意，事件時空中的契合，並不只是機率，而是蘊含更多意義，也是客觀的諸多事件，在彼此之間的互相撞擊，以及它們與觀察者主觀的心理狀態，有種特殊的依存關係。[16]因而《易經》的有效性，正在於觀察者的確信，認定卦爻的確可以呈現他的心理狀態，並透過圖式以及自我的詮釋，使得預測成為可能。榮格就說：「《易經》與無意識的關係遠比意識的理性狀態要來得密切。」[17]《易經》通過特有的方式，激發了人們的潛意識，而潛意識揭示的事實。這種潛意識不僅止於個人，甚至可溯及集體潛意識。集體潛意識反映了人類於歷史過程中的群聚經驗，人從出生起，集體潛意識已為其行為，提供了一套預先形成的模式。我們之所以容易以某種方式，感知到某些事物，並作出反應，正是因為這些事物早先於天地，存在於集體潛意識之中。這是人類遠古以來所遺留下的心理現象，不是個人的，而是全體的、普遍的。

榮格對《易經》的研究，他認為在一定的心理狀態下，占筮所得出的結論常與實際情況相符，也吻合他多年的臨床觀察與個人經驗——潛意識中浮現出的心理事件，有時會與外部事件相合。所以，榮格認為《易經》的占筮，可以將人的潛意識以象徵的形式展現，從而使心理世界與現實世界奇妙的對應、這是一種與因果律完全不同的聯繫，就是「同時性原理」。

就他看來，在廣闊宇宙大化的過程中，因果不過是事物聯繫的一種，絕非僅此。儘管性質、形態、時空有異，卻奇妙有著相同等價的意義。由於它們分屬不同時空，不可能發生因果性的聯繫，卻有著對

---

15 榮格著，楊儒賓譯：《東洋冥想的心理學——從易經到禪》，頁208。
16 榮格著，楊儒賓譯：《東洋冥想的心理學——從易經到禪》，頁209。
17 榮格著，楊儒賓譯：《東洋冥想的心理學——從易經到禪》，頁219。

應性的巧合，榮格將這類現象稱作「同步」或「相對的同時性」。榮格認為「藉著因果律，我們可以解釋兩相續事件間的聯結關係；同時性卻指出了在心靈與心理物理事件間，時間與意義上都有平行的關係，科學知識至今為止，仍不能將其化約為一項共通的法則。」這種同時性，可能立足於某種法則，「在它們之間唯一可以認定，也唯一可以展示出來的環扣，乃是一種共同的意義，也就是一種等價的性質。」[18]而且：「它證實了觀者所覺識到的內容，同時可由外在的事件展現出來，而之間並無因果的關聯」。值得注意的是，榮格所說「並無因果的關聯」，並非指因果與共時是對立，他無意以後者消滅前者，更進一步來講，共時性常常也包括了因果律在內。

汪新建與俞容齡就認為，榮格「共時性」原理，與《易經》「感而遂通天下」的思想，頗為融洽，榮格的原型理論也受到《易經》陰陽辯證觀的影響，同時也實現了心理學領域東西方文化的對話。[19]不過，正是《易經》「感而遂通天下」的說法，引起了許多人對榮格的判斷，例如楊儒賓就認為榮格不贊同天人絕對同一、「天道性命相貫通」、「大小周天相合」的說法；[20]龔鵬程也指出，榮格雖深受佛道影響，[21]其實他對於道教，只曉得內丹學的一部分，即便是談內丹，也混同性學與命學，對道教內部的宗派之分，亦無所悉。且依據伍柳仙

---

18 榮格著，楊儒賓譯：《東洋冥想的心理學──從易經到禪》，頁247、249。

19 汪新建、俞容齡：〈榮格與《易經》：溝通東西方文化的心理學嘗試〉，《南京師大學報（社會科學版）》2006年第1期，頁107-110。

20 楊儒賓：〈譯者前言〉，榮格著，楊儒賓譯：《東洋冥想的心理學──從易經到禪》，頁7。

21 相較之下，西方學界探究榮格與佛教的關係，遠比道教還多。較具代表性的有Rob Preece, *The Wisdom of Imperfection: The Challenge of individuation in Buddhist Life*, Ithaca, Snow Lion, 2010. Moacanin Radmila, *Essence of Jung's Psychology and Tibetan Buddhism: Western and Eastern Paths to the Heart*, Somerville, Wisdom, 2003. 目前皆有譯本。廖世德譯：《榮格與密宗的29個「覺」》，臺北：人本自然文化，2008年。藍蓮花譯：《榮格心理學與藏傳佛教》，北京：世界圖書出版公司，2015年。

宗（又稱仙佛合宗）一系之《慧命經》，固然有助於解釋他混雜佛道的講法，與理論之建構，只是這非道門通義，亦須檢別。而他本人雖然相信《易經》占卜，卻未注意到《易經》的「感應」。而且《易經》所說之感應符應，還不只榮格所言這一層次，乃是由人之心深入到物，再遍及宇宙整體，《易》曰：「無有遠近幽深，遂知來物」，即指此也。傳統類似的言論，所在多有，都指出心可超越個體，彌綸宇宙。而更重要的中國傳統氣論，上下與天地同流，都是榮格未顧及的地方。[22]

　　類似的質疑或評點，或足以讓我們思考，從天人之際到共（同）時性，為什麼卜卦之人堅信卦爻與占問之事契合？若按照中國思想傳統的解釋，就是「同氣相求，同類相動。」此說也非《易經》獨有，《荀子・不苟》：「君子潔其身，而同焉者合矣，善其言而類焉者應矣。故馬鳴而馬應之，牛鳴而牛應之，非知也，其勢然也」，[23]即明顯標出此意。學界對這種說法，或稱「聯繫式的思維」，是指天地宇宙事物間彼此互有關聯，不管是部分對部分、或是部分與全體，都可能是互相滲透、交互影響的關係，[24]在這種情況之下，自然、社會與人文是密切結合，相輔相成的「同源同構互感」[25]或是「引譬連類」。[26]學者們各自的用詞或有不同，但內涵皆相似，同源同構，即是指萬事萬物同類者聚而群，氣同則和合，群與群之間亦可能彼此互屬聯繫，因此人類就不會只是一個封閉的個體，人與物之間應該是相互往還、

---

22 龔鵬程：〈儒釋道對後現代心理學的影響〉，《華人社會學筆記》（北京：東方出版社，2015年），頁170。

23 〔唐〕楊倞注，〔清〕王先謙集解：《荀子集解・考證》（臺北：世界書局，2000年），頁38。

24 黃俊傑：《東亞儒學史的新視野》（臺北：臺灣大學出版中心，2006年），頁314。

25 葛兆光：《道教與中國文化》（上海：上海人民出版社，1995年），頁42。

26 鄭毓瑜：〈身體時氣感與漢魏抒情詩──漢魏文學與楚辭、月令的關係〉，《漢學研究》第22卷第2期（2004年12月），頁5-13。

交遇對應的狀態。而從《夏小正》、〈周月〉、〈時訓〉(《逸周書》),乃至於《禮記‧月令》等文獻中建構的聯繫思維,天地自然與我同在,皆可看出萬物彼此引譬呼應的「穿通類應」。[27]因此萬物皆共屬於一個世界觀、宇宙觀,而且彼此互相聯繫、同構互感。促成此中關鍵之一,則取決於人的修身。[28]——是的,「君子潔其身」,修身,從我們看來,榮格從心理學的角度,分析《易經》,並非缺點,也非榮格的不足。剛好相反,我們從他的說法,正可以藉此看出《易經》修身養心的特性。如果延伸擴展,上接天人之際,物我之境,入之愈深,其見愈奇,竟也蔚然大觀,在距離東方遙遠的彼岸,開出金花,曼荼羅顯相,成了榮格思維中的重要鑰匙。

三 天人之際:榮格生命中的易理

如上所說的,《易經》的卦爻能和心理情境相契合,原因在於共時性,這也是內在和外在相連結的關鍵,此乃榮格論述中的基本預設。透過共時性的作用,原型才能被提升到意識層面,人格重心才得以由自我轉移到宇宙性的自性,才是本末俱足。因此榮格並非不強調人心通物感,相較來說,而是他更看重生命的秘密,後者才是第一義,是本;而通物之情,固然也很重要,只是相較於己心己情,仍然屬於第二層次,是末,雖然本末都是相依,相輔相成,皆不可少的。

《繫辭傳》云:「一陰一陽之謂道」。天地間一切事物的變化現象,無不依其特定的時與位;或為陽,或為陰,這種陽剛陰柔相互變化不息的法則,正是宇宙的真諦。榮格則以人格面具和陰影、阿尼瑪

---

27 鄭毓瑜:《文本風景——自我與空間的相互定義》(臺北:麥田出版公司,2014年),頁22-23。

28 詳見劉芝慶:《修身與治國——從先秦諸子到西漢前期身體政治論的嬗變》(臺北:花木蘭文化出版社,2014年),第二章第一節。

和阿尼姆斯等原型描繪了人格看似對立，卻是相輔相成的本質。人格面具（persona）源自拉丁語，意思是在古典時代演員戴的面具。人格面具是從眾的外在展現，利於群體和社會的接納，「人格面具是一個人公開展示的一面，其目的在於給人一個很好的印象以便得到社會的承認。」[29]不過，優點的另一面往往就是缺點，得到社會承認，也可能消融掉人的個性。

由人格面具衍生出的陰影（shadow），和人格面具是相互對應的原型意象。榮格指出，我們傾向於掩藏我們的陰影，同時也善於修飾與裝扮人格面具。在心理分析的意義上來說，當我們把自己認同於某種美好的人格面具之時，我們的陰影也就愈加沉重。兩者的不協調與衝突，會帶來許多心理上的問題與障礙。一九四五年，榮格對陰影給出了一個直接的、明確的定義：「它是個體不願意成為的那種東西。」陰影是一些被壓抑，甚至從來不會浮現於意識的邪惡的東西。

看似矛盾，出乎兩行，其為統合，實乃一本，如果人格面具與陰影對立時，人格處於分裂狀態；當人格面具與陰影兩種原型融合時，人格是一個整體結構。類似的說法，我們還可以從阿尼瑪與阿尼姆斯看出，榮格指出，阿尼瑪（Anima）是男性心靈中的女性意象特徵，阿尼姆斯（Animus）是女性心靈中的男性意象，二者皆屬於集體無意識，這種「雙性同體」，互補的方式，緩解了男女之間的絕對對立，類似《易經》「陽中有陰，陰中有陽」。榮格提出阿尼瑪和阿尼姆斯原型，是著眼於兩性心理互補，以達到人格的完整性。[30]

在《易經》看來，世間的諸多問題，皆可歸結為陰陽失調；從心理學角度來看，對立的人格原型則是人心理疾病的來源之一。因而榮格強調潛意識中原型間的相互作用，之於心理平衡的重要意義。集體

---

29 霍爾、諾德拜著，馮川譯：《榮格心理學入門》（上海：三聯書店，1987年），頁48。

30 此處的性別，並非完全以生物學上的判斷為主，讀者切莫誤會。

無意識主要由原型構成，而自性化（individuation）是集體無意識的核心，自性化的內涵，頗可與東方思想中的天人合一境界，互相參照，是內在心靈結構和秩序的準則，代表了心靈的整體性。[31]榮格說：「我用『自性化』這個術語來表示一種心理過程，經由這個過程，個體逐漸變成一個在心理上不可分即一個獨立的統一體或整體。」自性化具有雙重涵義：一是充分的分化，成為獨立個體；二是超越與整合，重建心理的統一。而一個人最終成為他自己，理解自己的陰影，溝通自己的阿尼瑪和阿尼姆斯等，就成為一種整合性的、不可分割的，卻又不同於他人的發展，便是「自性化」的過程。[32]

---

31 所謂的自性化，從榮格提出此說迄今，不斷被援引、轉用、衍生、解釋，或流傳而漸通俗，或輾轉而生歧異，但若用莊子的話「請循其本」，則榮格雖提出跨時代的術語與概念，則名詞的形成，仍有時代背景與緣由所致：自性化，既與十九世紀末，榮格成長過程中，神學、神祕學氣氛濃厚的家族、家庭背景有關，又可說從師徒相惜到相斥，他與佛洛伊德決裂之後，帶有許多複雜心理，與學術競爭心態等等有關，是榮格對抗集體潛意識的原型力量之體悟與驗證。另，從晚近出土的《紅書》（The Red Book Liber Novus, 2009）中，我們更可確定，也與榮格長年鑽研比較宗教學（例如基督教、諾斯替教、印度教、道教、易學、藏傳佛教、禪學與中世紀煉金術等）有著千絲萬縷的親緣性。由此可見，自性化過程所揭櫫的悅納異己，欲得環中，須超象外，證境妙諦之願景，縱使在當代看來，已是司空見慣、政治正確。可是在榮格有生之年，耶教仍以父權為主，他者性尚未獲得承認，更遑論被追捧、被引用、甚至被視常識化，且當時心理學仍受因果論掛帥，正視並思考聖母、魔鬼（蛇的形象），甚至是有反啟蒙色彩的東方學，依然窒礙難行。這也可以從榮格一九五二年出版《答約伯》（Answer to Job）一書後，與道明會的懷特神父（Victor Francis White）彼此間的書信爭執，即可略窺一二。當前，自性化過程最深入的研究成果，可參閱《紅書》法文版譯者、現任教於史特拉斯堡大學的思想史教授Christine Maillard的扛鼎力作《《紅書》之心：〈向死者的七次布道〉──榮格思想溯源》（Au cœur du Livre Rouge: Les sept sermons aux morts—Aux sources de la pensée de C. G. Jung, Paris, Éditions Imago-La Compagnie du Livre Rouge, 2017）。此註解內容觀點由學友蔡文晟提出，特此致謝。

32 法國的榮格研究者，在論及榮格和《易經》的關係時，除了運用同時性一詞外，經常會論及希臘神祇凱洛斯，Kairos，一個和線性時間相對，代表「時機」的神。此神祇乃意義原型的隱喻，言下之意，解讀卦象，自我常與自性彼此拉扯，前者勢必得從後者中分離出來。élie G. Humbert, L'homme aux prises avec l'inconscient: réflexions

正因如此，熟悉《易經》占卜的榮格，說出：「《易經》對待自然的態度，似乎很不以我們因果的程序為然。在古代中國人的眼中，實際觀察時的情境，是機率的撞擊，而非因果會集所產生的明確效果；他們的興趣似乎集中在觀察時機率事件所形成的緣會，而非巧合時所需的假設之理由。當西方人正小心翼翼地過濾、較量、選擇、分類、隔離時，中國人情境的圖像卻包容一切到最精緻、超感覺的微細部分。因為所有這些成分都會會聚一起，成為觀察時的情境。」[33]就不可能只是內在的心理層面，必然是牽涉到「物」、「對象」的，用句現在比較流行的術語，即是：「自我」與「他者」，我們同處共同的世界，或許蕭條異代，或許古今異時，但彼此互為主體性的同感共構，聯繫取譬，形成了他所謂的「情境」。或在當下，或是昔日，或遙契千載，或相隔萬里，「自性化」，成了榮格以《易經》溝通天地時空的最好訴說：「然而同時性原理卻認為事件在時空中的契合，並不只是機率而已，它蘊含更多的意義，一言以蔽之，也就是客觀的諸事件彼此之間，以及它們與觀察者主觀的心理狀態間，有一特殊的互相依存的關係。」[34]

而情境，也是榮格「原型」的重要內涵，英語「Archetype」，即

---

sur l'approche jungienne, Paris, Albin Michel, 1994，頁89-101。Fabienne Neuquelman-Denis, *Cahiers Jungiens de Psychanalyse, N° 146*, 2017/2, 頁 139-157。此說，即是榮格所謂的「宗教態度」之意，亦即自我先沒入潛意識，繼而從中分抽離的過程。榮格對宗教一詞，取的是其拉丁字源relegere和religio，意即對聖秘（numinosum）──德國神學家魯道夫・奧托（Rudolf Otto）所提出的觀念──進行小心謹慎的體察，此過程強調的是意識層面的判斷、分辨、重整和賦予意義等工夫，而非religare這個被天主教教父採用的字源，指的乃是和神祇、和大我之間的「連結」。請參見Aimé Agnel, "Jung et le phénomène religieux", *Imaginaire & Inconscient*, 2003/3 n°11，頁49-61。Michel Cazenave, *Jung revisité II: Jung et le religieux, Pairs, Entrelacs*, 2012，頁10-11。

33 榮格著，楊儒賓譯：《東洋冥想的心理學──從易經到禪》，頁207。

34 榮格著，楊儒賓譯：《東洋冥想的心理學──從易經到禪》，頁209。

「原型」一詞,最早源於希臘文,它的本意是「原始模式」或「某事物的典型」。「原型」一詞並非是榮格的獨創,一九一九年,榮格首次在《本能與無意識》中選用了「原型」的概念。作為一片混沌的集體無意識不可能直接成為人類認識的對象,在它與具體事物之間,需要一個仲介,榮格選用了「原型」這個術語。

原型就是集體無意識的顯現,集體潛意識必定是人、物、主、客合一的,但若是只從民族性來理解集體潛意識,實為謬誤。亙古以來,人類世代積累的普遍心理經驗,長期積累、沉澱在每一個人的無意識深處,其內容不是個人的,而是集體、普遍的。集體無意識潛存在人心理的深處,不會進入意識的領域,因而其存在只能從神話、圖騰、夢等去發掘。榮格就說:「原型……不是以充滿內容的意象形式,而是最初作為沒有內容的形式,它所代表的不過是某種類型的知覺和行為的可能性而已。」[35]原型往往包含一些反覆出現的「原始表像」,每種集體無意識中存有大量的原型。同一原型在細部或名稱有些變化,然其核心意義基本相同,符合人類的某種心理要求。榮格說:「人生中有多少典型情境,就有多少原型,這些經驗由於不斷重複而被深深地鏤刻在我們的心理結構之中。」[36]「原型本身並不提供詞彙或形象,因為它像在黑暗中戴著眼鏡所見到的一種幻象,它只是一種千方百計尋找表現方式的深切預兆。」[37]原型在外部世界,以物質形態表現的同時,還能在內部以心靈形態顯出自身。[38]原型不是一種靜態的圖像,而是存在於人的心理深層,具有自動調節、自我補充,以及自動平衡能力的高級生態系統,這一系統具有直接組織或穩

---

35 霍爾、諾德拜著,馮川譯:《榮格心理學入門》(上海:三聯書店,1987年),頁45。

36 榮格:《榮格文集》(第9卷,一分冊),頁48。

37 《C·G·榮格文集》第15卷(普林斯頓大學出版社),頁96。

38 榮格著,成窮、王作虹譯:《分析心理學的理論與實踐》(北京:生活·讀書·新知三聯書店,1991年),頁7。

定神經能量、形成一種無意識原型秩序的能力和力量。[39]

中國傳統文化中，沒有「原型」的術語，但是中國文化精神中的一些特質，卻與原型理論有著某種內在的聯繫。其實就我們看來，《易經》的三義說，「易一名而含三義，易簡一也，變易二也，不易三也。」就與榮格的「原型」說，可頗互通觀照，《易經》之所以供我們參考，增長智慧，便是這一功能。《易經》，不同於其它的書，就在於讀者在面對它時，不是一味地崇拜或信仰，而是可能引了我們的焦慮，在閱讀過程中，與經典對話，可能想去抗議、修正、調整、深信或崇拜，或「標舉興會，發引性靈」，或「文變染乎世情，興廢繫于時序」。我們甚至可以說，不同的階段，不同的年紀性別或環境群體，讀《易經》都會有不同的感受。

可是《易經》並非單純是什麼閱讀的焦慮而已，如果只這樣看，恐怕還有點淺了，重要的是修身，反觀反思反求諸己，就如曾鞏所說：「故聖人之所教人者，至其晦明消長、弛張用舍之際，極大之為無窮，極小之為至隱，雖他經靡不同其意。然尤委曲其變于《易》，而重複顯著其義于卦爻、彖、象、繫辭之文，欲人之自得諸心而惟所用之也。」[40]自得諸心，身修得明，然後為用。為己之學，月印萬川，條條大路通羅馬，不必只有某家某派獨得，而心理學當然也是修身之道，如果用榮格的話來講，自然是因為《易經》三義，互相牽連，彼此錯結，涉入巡迴，如《易經》中的互卦、錯卦、變卦等等，諸多情境，時勢各異，引發了我們的原型所致。

四　結論

就榮格看來，西方以因果律和實驗方法為主要基礎，而中國則著

---

39 滕守堯：〈回歸生態的藝術教育〉，《社會科學戰線》2009年第1期，頁242。
40 曾鞏：《曾鞏集》（北京：中華書局，1984年），頁243。

力於自然狀態下的規律，因而各自建立了不同的性質。榮格關注的同時性與中國的各類感應，都是在自然情境中出現的現象。而《易經》預測和榮格心理分析時都用的是象徵方法。只是不同在於，《易經》是用符號代表原型象徵；榮格是從神話、夢、儀式等尋找原型象徵。「《易經》歷史悠遠，源出中國，我不能因為它的語言古老、繁複、且多華麗之辭，就認定它是不正常的。恰好相反，我應該向這位虛擬的人物道謝，因為他洞穿了我內心隱藏的疑惑不安」，[41]其實，無論是榮格或是《易經》，都是想從諸多繁雜事理中，「洞穿了我內心隱藏的疑惑不安」，理一分殊，從惑到不惑，從不安到心安，尋找一種自性的和諧，他又說：

> 英國人類學學會的一位前主席曾問我：「你能理解何以像中國人這樣高智力的民族沒有科學嗎？」我答道：「他們有科學，但你不理解它。這種科學不是建立在因果性原則之上的。因果性原則並不是唯一的原則；它只是一種相對的東西。」……東方人的思維與他們對事實的評價是建立在另一種原則之上的。對於這種原則，我們甚至還沒有相應的稱謂。東方人當然有表示它的詞，可我們並不懂得這個詞。東方的這個詞就是「道」。[42]

榮格在肯定《易經》價值的同時，指出《易經》所代表的中國思維，與西方科學的根本區別。[43]這種思維，通人己之情，化物我之別，究

---

41 榮格著，楊儒賓譯：《東洋冥想的心理學——從易經到禪》，頁228。

42 榮格著，馮川、蘇克譯：《心理學與文學》，（北京：生活·讀書·新知三聯書店，1987年），頁72-75。

43 西方學術當然不是只有科學而已，若依法國哲學家Pierre Hadot的看法，他在 *What Is Ancient Philosoph* 的英譯版就指出，不論是蘇格拉底、柏拉圖，又或是斯多葛、伊比鳩魯學派等等，都堅持哲學是一種實踐重於思辨的生命之學。這種思想，與中國

天人之際，其實也正是《易經》強調的修身功能，榮格從心理層面的
角度，進入《易經》，入乎內，出乎外，然後銜接人物的感通之情。[44]
最後，我們不妨以馬王堆帛書《要》，作為本文結尾：[45]

> 夫子老而好《易》，居則在席，行則在橐。子贛（貢）曰：「夫
> 子它日教此弟子曰：『德行亡者，神靈之趨；知謀遠者，卜筮
> 之繁。』賜以此為然矣。以此言取之，賜緡行之為也。夫子何
> 以老而好之乎？」夫子曰：「君子言以榘方也。前祥而至者，
> 弗祥而巧也。察其要者，不詭其德。《尚書》多于矣，《周易》
> 未失也，且又（有）古之遺言焉。予非安其用也，⋯⋯。賜聞
> 諸夫子曰：「遜正而行義，則人不感矣。夫子今不安其用而樂
> 其辭，則是用倚于人也，而可乎？」子曰：「校哉，賜！吾告
> 汝。故《易》剛者使知懼，柔者使知剛，愚人為而不妄，漸人
> 為而去詐。文王仁，不得其志以成其慮。紂乃無道，文王作，
> 諱而避咎，然後《易》始興也。予樂其知之。⋯⋯。子贛
> （貢）曰：「夫子亦信其筮乎？」子曰：「吾百占而七十當，唯

先秦諸子，頗可互觀。當然，榮格指的多是近代以來，所謂的「科學精神」，其實
何止西方而已？近代中國以降，至今的許多盲目與偏見，又何嘗不是如此？晚清民
初以來，許多學者在批判傳統迷信的同時，事實上又掉進了另一種「迷信」，此即
科學，用科學作為評價的標準，以科學作為進步的標誌，不止如此，更企圖把「科
學」與「考據學」作出類比與連結，以此證明中西之異同。相關論述可參郭穎頤
（D. W. Y. Kwok）著，雷頤譯：《中國現代思想中的唯科學主義》，江蘇：江蘇人民
出版社，2010年。

44 值得注意的是，法國宗教史學家Ysé Tardan-Masquelier指出，榮格之所以受一般讀者
歡迎，和這類讀者認為他有總體論思想有關。然而她卻警告，此乃對榮格的誤讀：
人們對「融合的渴望」，勢必得被一種「矛盾的試驗」給取代，畢竟人唯有在經驗
所謂的「他者性」（altérité）時，才能體察到所謂的同一性（identité）。詳見Ysé
Tardan-Masquelier, *Jung et la question du sacré, Paris,* Albin Michel, 1998, pp. 212-213。

45 轉引自林啟屏：《從古典到正典：中國古代儒學意識之形成》（臺北：臺灣大學出版
中心，2007年），頁131-132。

周梁山之占也，亦必從其多者而已矣。」子曰：「《易》，我後
其祝卜矣，我觀德義耳也。幽贊而達乎數，明數而達乎德，又
仁〔守〕者而義行之耳。贊而不達于數，則其為之巫；數而不
達于德，則其為之史。史巫之筮，向之而未也，好之而非也。
後世之士疑丘者，或以《易》乎？吾求其德而已，吾與史巫同
塗而殊歸者也。君子德行焉求福，故祭祀而寡也；仁義焉求
吉，故卜筮而稀也。祝巫卜筮其後乎？」

孔子晚年喜《易經》，引起子貢不解。其實，十五有志於學，走過三
十而立，經歷四十不惑，五十而知天命，然後六十耳順，七十從心所
欲不逾矩。孔子從五十而好《易經》，愈到後來，對《易經》愈得心
應手，當然不是因為《易經》的卜卦，讓孔子更明白這個世界，而是
孔子閱歷既深，對《易經》了解更深入，居則在席，行則在橐；或是
反過來，從《易經》上看到人事更多的限制與超越，親行自證，生命
的學問。或許孔子早已發覺，他愈理解這個世界，就愈能解釋這個世
界，當我們在某種程度上能看透世界，看穿事物，我們就愈能改變世
界，不論這個改變是成或敗，是自己或他人，是部分或全體，是社會
或國家，「吾求其德而已，吾與史巫同涂而殊歸者也」。雖然世道紛
拏，人間行路難，但是觀空天地間，「情境」終究變成了我們與世界
的聯繫共感，[46]水與心俱閑，「理解」也成為交感自我與他者的最好溝
通模式。原來，我們閱讀《易經》，不是客觀文本表現的客觀義理，
而是經典召喚了我們，我們與經典相遇，《易經》洞穿了我們內心隱
藏的疑惑不安。

　　從《易經》反思己身，孔子以「德義」，「幽贊而達乎數，明數而

---

46 美國學者郝大維、安樂哲也說，中國傳統的特點是注重情境（situation），頗可與此
　類通呼應。〔美〕郝大維（David L., Hall）、安樂哲（Roger T Ames）著，施連忠等
　譯：《期望中國：對中西文化的哲學思考》（上海：學林出版社，2015年），頁16-21。

達乎德，又仁〔守〕者而義行之耳」，榮格則是以「人格面具與陰影」
「阿尼瑪與阿尼姆斯」等說，或許殊途，卻可能同歸：「同時性現象
證實了在異質的、無因果關聯的過程中，盈滿意義的等價性質可同時
呈現。換言之，它證實了觀者所覺識到的內容，同時可由外在的事件
展現出來，而其間並無因果的關聯，由此可知：如非心靈根本不能在
空間中定位，要不然就是對心靈而言，空間只是相對的，同理也可適
用時間之決定心靈，以及心靈之使時間相對化等所牽涉到的問題。」[47]
《易經》之於榮格，音實難知，知實難逢，逢其知音，千載其一乎！

---

47 榮格著，楊儒賓譯：《東洋冥想的心理學——從易經到禪》，頁249。

附錄一
〈晏子論和與同〉的教學演示

一 經典教育，也是生命教育

在《莊子》裡，有則西施病心的故事，某人（里之醜人，即俗稱的「東施效顰」）模仿西施，結果嚇得村民不敢出門。一般多以為是裡人長相不佳，畫虎不成反類犬，好像外型才是主因。其實不是，書中已明確告訴我們答案：「彼知顰美而不知顰之所以美」，[1]用最簡單的話來講，美與醜，不是這則故事的核心，只是呈現的外相罷了。重點是：里人不夠了解自己。因為不了解自己，所以不知道自己的長處，因為不清楚自己特長，所以會去模仿不適合自己的事物，會跟著潮流走，不斷追逐跟風，失去了自我，忘了我是誰。

對的，就是自己，自知者明，人生在世，總會面對這個問題：我為什麼活在世上？活著與死亡，有什麼差別？我在別人眼中，又是什麼模樣？我看別人，又如何看出了自己？在人世與人際的網路關係裡，我又是什麼位置？如此種種，皆可歸於一，就是我們總在不斷反思——我是誰？又是怎麼樣的歷史文化塑造了我？怎麼促使我發生改變？而傳統與現代的關係，對於當下社會氛圍的產生，又是如何？以致於對我造成影響？但是，認識自己還不夠，更要認識他者，理解他者。擺脫時空與空間，還有個人經驗的諸多局限，學習從不熟悉的角度與領域看別人、看群體、看世界，嘗試多方面了解他者的立場。

最好的方式之一，就是教育，特別是人文教育。

---

1 郭慶藩：《莊子集釋》（北京：中華書局，1978年），頁515。

　　教育的目地，除了專業知識之外，其實都在提供我們認識自己與社會的各種資源。更可以這麼說，相對來講，知識可以是客觀的，但怎麼理解、運用知識，仍在於主觀的自己，同樣在《莊子》中，也說明這個道理，一帖可以讓手不龜裂的藥方，有人靠它得到封地獎賞，有人卻把它用來漂洗綿，其因何在？不仍是在於「認識」的深淺不同，影響了運用的範圍嗎？

　　大一語文，臺灣稱為大學國文，兩岸教材，學分規定，必選修之分，各有異同。此類課程，之所以提供了許多世界的經典，上下古今談，藉由這種生命的感受，興發標舉，浸潤涵咀。故語文課所教授之經典，往往也是一種生命教育。經典的重要性，經典的價值，不在於什麼放諸四海皆準，上下古今皆通的大道理。而是在於永恆性，影響至今。永恆性，用布魯姆（Harold Bloom）的書來講，就是《影響的焦慮》。所謂的經典，不同於其它的書，就在於讀者在面對它時，不是一味地崇拜或信仰，而是引了我們的焦慮，在閱讀過程中，與經典對話，可能想去抗議、修正、調整，或「標舉興會，發引性靈」，或「文變染乎世情，興廢繫于時序」。我們甚至可以說，不同的階段、不同的年紀或環境，讀經典都會有不同的感受。經典還是經典，文字內容並不會變，變得只會是我們，這就是當下的生命感受。

　　因此，所謂的經典，或是傳統，並非一個封閉的系統，也非僵化的鐵板一塊，它永遠跟我們的「當下」有關。可是，經典的意義固然豐饒，總得我們去讀出來，我們不讀，經典只能是孤獨而寂寞的，經典的意義與價值，永遠是從閱讀中產生。

　　更進一步來講，語文教育，除了世界各國經典之外，更該先提供本國的傳統歷史文化的資源，這也是語文課程中，以本國經典居多的原因。中國之所以為中國，傳統之所以為傳統，並非憑空而來，而是有積累漸變的過程，所以先認識自己的民族文化，通讀歷史，才能對現今的許多現象，擁有豐富充足的反思與批判，以及同情之理解。語

文課程所提供的國學教材，對於不是以文史哲為專業的學生來講，就是一種很好的學習方向。我們最喜歡引用陳寅恪《清華大學王觀堂先生紀念碑銘》：「獨立之精神，自由之思想」這句，但陳寅恪也說了：「士之讀書治學，蓋將以脫心志于俗諦之桎梏，真理因得以發揚。」要如何脫心志於俗諦之桎梏，不落入東施效顰之困境？說到底，還是認識自己與歷史文化。

胡適與梁啟超等人，當年給學生開書單，就叫《一個最低限度的國學書目》、《國學入門書要目及其讀法》，所開書單未必客觀，書目總類，哪本該讀哪本不該列入，言人人殊，也難有絕對的規範，但他們一致同意：「不肯多讀點國學書，所以他們在國外既不能代表中國，回國後也沒有多大影響。」[2]「無論學礦、學工程報……，若並此未讀，真不能認為中國學人矣。」「讀書自然不限於讀中國書，但中國人對於中國書，至少也該和外國書作平等待遇。你這樣待遇他，給回你的愉快報酬，最少也和讀外國書所得的有同等分量。」[3]梁啟超說中國書該與外國書同等分量，那是謙詞，因當時反傳統，主張不讀中國書，丟進茅坑等言論，過於偏激，所以梁啟超才針對這些現象來講，兩不偏廢。不管如何，語文教育、經典教育、國學教育、生命教育，息息相關，從這些類似的說法，皆可見到端倪。[4]

近代以來，因為一些誤解與宣傳，以及五四運動諸公「矯枉必須過正」的運用策略，讓國學蒙上了陰影，不科學、老古董、迂腐、落後、醬缸、退步、封建、顢頇、保守、反動等等，似乎皆與其有關，講國學，大談國學，似乎是不合時宜的。反過來說，「國學」常常也是最好的利器，批判社會、反思時代，衝決羅網，開一代精神風氣，

2　胡適：《最低限度的國學書目》（臺北：遠流出版社，1994年），頁144。

3　梁啟超：《國學入門書要目及其讀法》《治國學雜話》，收入上書，頁167、168。

4　關於大學語文課程之重要性，楊建波已論之甚明，可參楊建波：〈教育大視野中的大學語文教師與大學語文課程〉一文。

獨立之精神，自由之思想，脫心志於俗諦桎梏，上述所言之人事物，
班班可考，古有明證，不正是國學的益處？而語文教育之目的，接觸
國學，閱讀經典，溫故而知新，傳統的豐饒意義，不正在這裡麼？

　　從上的大方向中，切入《左傳·昭公二十年》〈晏子論「和」與
「同」〉這篇課文，我們可以理解語文與國學教育的重要性，更能進入
生命教育的層次。在文本處理上，則可分為三個進程，進入課文的歷
史思想世界，分別是1.言內之意、2.言外之意、3.言後之意。此用法出
自黃俊傑《孟學思想史論（卷二）》，對於這三種層次，黃俊傑所言：[5]

> 我所區分的這三個層次，略近于索爾（John R. Searle, 1932- ）
> 的「言說─行動理論」中所謂的 "locutionary intention"、
> "illocutionary intention"、"perlocutionary intention"等三個層次
> 的作者意旨，第一個「言內之意」的層次，所涉及的基本上是
> 語法學的問題，解明這個面向的涵意的工具是訓詁學之類的學
> 問；第二個「言外之意」的層次，所涉及的基本上是語意學的
> 問題，解明這個面向的涵意的工具較多，而以詮釋學為主，以
> 社會政治史及文化史為輔；第三個「言後之意」的層次，所涉
> 及的基本上是語用學的問題，解明這個面向的工具，是以思想
> 史為主。

黃俊傑以歷代詮釋孟子的學者為例，使用言內之意、言外之意與言後
之意的特性，進入中國孟學思想史的世界，辨同異、論是非、評得
失。本文援引這種用法，三者之分，當然不是硬性絕對，而是相對來
講，各有其強調之面向，概略而言，小學版本等文獻問題，為第一
層；觀念語意等寓旨，為第二層；語用效果之引發，為第三層。本文

5　黃俊傑：《孟學思想史論（卷二）》，臺北：「中央研究院」中國文哲研究所，1994年。

依此三法，分析《左傳‧昭公二十年》〈晏子論「和」與「同」〉，希望藉由這種示範，解讀課文，在教學上提供更多的理解與幫助。

二 言內與言外

為便於說明，不避文煩，我們還是先徵引課文全文：

> 齊侯至自田，晏子侍于遄臺，子猶馳而造焉。公曰：「唯據與我和夫！」晏子對曰：「據亦同也，焉得為和？」公曰：「和與同異乎？」對曰：「異。和如羹焉，水、火、醯、醢、鹽、梅，以烹魚肉，燀執以薪，宰夫和之，齊之以味，濟其不及，以泄其過。君子食之，以平其心。君臣亦然。君所謂可而有否焉，臣獻其否以成其可；君所謂否而有可焉，臣獻其可以去其否。是以政平而不干，民無爭心。故《詩》曰：『亦有和羹，既戒既平。鬷嘏無言，時靡有爭。』先王之濟五味。和五聲也，以平其心，成其政也。聲亦如味，一氣、二體、三類、四物、五聲、六律、七音、八風、九歌，以相成也；清濁、小大、短長、疾徐、哀樂、剛柔、遲速、高下、出入、周疏，以相濟也。君子聽之，以平其心。心平，德和。故《詩》曰：『德音不瑕。』今據不然。君所謂可，據亦曰可；君所謂否，據亦曰否。若以水濟水。誰能食之？若琴瑟之一專，誰能聽之？同之不可也如是。」

首先，就「言內之意」來看，其實是從知人論世的角度，提供同學對相關背景知識，有概括性的理解，包含了春秋三傳的性質，也牽涉到經學史與儒學史的問題，像是今古文經之差異、該如何從史學的角度來看《左傳》等等，讓同學對文獻來源，能有基礎認識。除此之外，

課文大意、敘述模式、文章結構、歷史背景、主角性格等等，也要講授。也必須就詞義作解釋，例如課文中遄臺、子猶、羹、濟、泄、醃、醢、一氣、二體、三類、四物、五聲、六律、七音、八風、九歌、燀執以薪、饎餲無言等等名詞音義。清朝戴震所言：「學者由字以通其詞，由詞以通其道」，雖未必盡然，但就言內之意的角度來講，由字以通其詞，基礎的字句文義解釋，仍是必須的，也是最基礎的，做不到第一步的言內之意，則再多的言外、言後，都是枉然。

其次，則是「言外之意」與「言後之意」。細讀課文，我們注意到晏嬰論和與同，是本文主旨之一，重在即事言理，此為中國思想中「具體性思維」的重要特徵，此類思維特性，避免重言，暫且略過，詳見後。

關於和與同，當非晏嬰個人意見而已，在教學上，我們得先把主要論和與同的文字摘錄，以供同學參考比較。故諸如孔子：「君子和而不同，小人同而不和「之類，皆可使用。就晏嬰看來，「同」，缺乏生意，過於單調，上之所是，全以為是；人之所非，盡全為非，這種同，並不是對等互動的，只是某方面的主導而已，所以晏嬰才說：「今據不然。君所謂可，據亦曰可；君所謂否，據亦曰否」。

「和」則不然，眾聲喧嘩，卻能保持和諧；分門別立，各自表述，又可維持統合。故「和」是立體的，不是平面的。這在中國哲學的表述上，即是中和。晏嬰論中和，固然是論政，其實也是談哲理。所以晏嬰就說，善於烹飪者，自然要藉此領悟政治之道，政治之理，與烹飪之法是相通的：宰夫和之，齊之以味，濟其不及，以泄其過，過猶不及，缺有不足，所以才要中和，分別就其性其味，調劑之整合之，正如《漢書・地理志》所說：「統理人倫，必移其本，而易其末，此混同天下，一之處中和，然後王教成也。」

飲食論政，其理互同，聲亦如味，音樂也是如此，所以由音樂來觀政，清濁、小大、短長、疾徐、哀樂、剛柔、迅速、高下、出入、

周疏各方面,互相中和而成。我們聽了這樣的音樂,平和心性,德行行為能和諧協調,才能好好處理政務。

晏嬰與景公的對話,牽涉到君臣之間的處事應對問題。從現今世界來看,君臣關係,不必在是過去皇權的結構,而是可以引申到領導與部屬、老闆與員工等上下關係。上下之間,上既握有權力與決策權,而下者是否只能唯唯諾諾,唯命是從?反之,若下者具風骨,處處以直言敢諫為己任,拚命與上者唱反調,一件可以由妥善溝通而完成的工作,結果弄得大家都下不了臺,是否又是好事?由此可見,晏嬰論中與和,固然有中國思想史上的意義,除此之外,更具有說話的藝術。

因此,在教學中,老師更可由自身的體會出發,帶領同學們領略晏嬰說話的智慧與方法。事實上,整部《晏子春秋》,談的多是上下之間,該如何相處,溝通無礙,進而達成雙贏的例子。君與臣,在看似權力衝突的情況下,兩者如何能相輔相成,同治天下,維持一種良好的動態君臣關係,「上下俱欲,歡然交欣」。[6]孔子說:「君使臣以禮,臣事君以忠。」孟子也說「君之視臣如手足;則臣視君如腹心;君之視臣如犬馬,則臣視君如國人;君之視臣如土芥,則臣視君如寇讎。」君以禮待之,則臣報之以忠,君視臣如手足,則君便以腹心待之,兩者間是一種互為主體性的關係,不必為掌握權力的一方而扭曲或自汙,而是互相尊重、互倚互立的君臣關係。這也是老師在講授此課文時,可與同學分享的生命智慧。

---

6 關於《晏子春秋》的可信度,以及此書所處理的君臣關係,可見劉芝慶:〈理想的君臣關係——《晏子春秋》〉,《香港亞洲研究學會第十一屆研討會》,日本神戶大學,2016年4月2-3日。

三 言後之意：飲饌、音樂與修身

最後，則是「言後之意」，我們可以在課文中，以晏嬰所使用的思維方式入手。意在說明，這種思維，目的在於促成何種效果？說明何種道理？晏嬰使用飲饌、音樂論政，意在提醒君王修身的重要性，其實又牽涉到了中國政治學的大問題：修身治國。

在思維方式上，晏嬰使用了「具體性思維」[7]。所謂「具體性思維」，是指古人在論證理念的時候，往往使用某些行為、事物作為證明依據。藉事言理，或是巧妙借喻、以物寓意，又或是直接訴諸形象、移情體物，都是具體性思維的特徵，[8]亦有學者稱之為「以類度類」，[9]當然所謂的具體其實也具備了一定的抽象概念，也因為有此抽象，不同的具體事物才可以紬繹出可供類比的性質，《淮南子‧要略》說作〈說山〉、〈說林〉的旨意即是：「假譬取象，異類殊形，以領理人之意」、〈謬稱〉是：「假象取耦，以相譬喻」，[10]都指出了具體性思維的特性。也就是說，這種思維傳統，是觀象於天，又或是取法於物，舉凡天地間許多事物、乃至於歷史事件，都不只是單獨的客觀存在而已，而是可以被人所引用。古人更是擅用這些事物的特性，將事物視為一種滿載意願的「符號」（sign），取譬說理、比興聯想，成為一種「隱喻」（metaphor）。

錢鍾書就指出，取譬者用心或別，著眼亦異，故一事物之象可以

---

7 此外尚有比興式思維、聯繫性思維等等，各有異同，彼此間亦有關聯，因本文並非介紹中國思維方式，故不具引，可參〔日〕中村元著，徐復觀譯：《中國人之思維方法》，臺北：臺灣學生書局，1991年。〔美〕雷可夫（George Lakoff）、〔美〕詹生（Mark Johnson）著，周世箴譯：《我們賴以生存的譬喻》，臺北：聯經事業出版公司，2006年。

8 黃俊傑：《孟學思想史論（卷一）》（臺北：東大圖書公司，1991年），頁9。

9 鄧啟耀：《中國神話的思維結構》（重慶：重慶出版社，2004年），頁152-157。

10 劉文典：《淮南鴻烈集解》（北京：中華書局，2001年），頁703、705。

子立多方。而一物之體，意相或殊，立喻者各取所需，寄物取意，橫出旁申，可見比喻奇效。[11]亞里斯多德《詩學》就曾為物的特性與轉化作了生動的說明，如果「杯」（B）與「酒神」（A）有關，而「盾」（D）與「戰神」（C）有關，酒神加上盾，則「杯」（B）可聯想為「酒神之盾」（A+D），杯就有了隱喻的意涵；若是戰神加上杯，則「盾」（D）可被隱喻為「戰神之杯」（C+B），盾也因此轉化了性質，杯與盾之間的聯想與類比，又可與酒神與戰神產生隱喻的符號關係。[12]從藉物言理到以意說物，理與物的結合，由此可見。

更進一步來講，本是以象寓物的哲理，往往也能以意索象，拓展了論述的深度與廣度。試舉一例，《荀子・宥坐》：

> 孔子觀于東流之水。子貢問于孔子曰：「君子之所以見大水必觀焉者，是何？」孔子曰：「夫水，大遍與諸生而無為也，似德。其流也埤下，裾拘必循其理，似義。其洸洸乎不淈盡，似道。若有決行之，其應佚若聲響，其赴百仞之谷不懼，似勇。主量必平，似法。盈不求概，似正。淖約微達，似察。以出以入以就鮮絜，似善化。其萬折也必東，似志。是故見大水必觀焉。」

以常理言之，水與德目並無必然關係，但藉由思維物與哲理的融合建構，也能變成一種思維文化。文中子貢問孔子觀水之意為何？孔子以水的特質說明其原由：水流遍四處而生生不息，彷彿無為，孔子認為「似德」；水又是無窮無盡；似無半刻停止，這就像道；水穿越溪穀，無懼山勢險郡，這又像勇……。如此種種，孔子分別以水的不同

---

11 錢鍾書：《管錐編（第一冊）》（北京：中華書局，1999年），頁19-21。

12 亞里斯多德著，姚一葦譯：《詩學箋注》（臺北：編譯館，1978年），頁169。

特性來說明德、義、道、勇、法、正……等德性。水固然是一種譬喻、或是隱喻，用以闡釋關於道德的義理內涵，但反過來看，不同德性的意義，也符合水的各種性質，此時在孔子的論述裡，水與道德是密不可分的，水表現了道德哲理，道德哲理也藉由水的性質而發。故孔子不但是以水為喻，同時也是以水為理，這就是一個思想家藉由思維物以建構哲理、拓展思維豐富性的最好例子。

由此可見，某事某物，可能廣被當時人或後人援引，在歷史洪流中繼承、發揚，成為一種學術思想史的傳統思維，其中「飲饌」、「音樂」更是思維方式的一個代表，因此飲饌等等，不但是一個客觀的存在，也是一個滿載意義的符號，同時更是一種常見的比喻。

從這個觀點，來看〈晏子論「和」與「同」〉，會發現晏嬰以飲饌、以樂論證，都是具體性思維的展現，也不只是單純的比喻而已。晏嬰的講法，寫物以附意，揚言以切事，更要以理顯事，將飲饌與音樂，與政事結合，形成一種極為特殊的中國政治學。

此話怎說呢？其實教師在授課時，除了將比喻的意義說明之外，更應該要指出：天下之物，難以勝數，為何古代學者卻偏偏舉出這些例子？從飲饌、音樂來說明政治，真的只是單純的比喻而已嗎？

當然不是這樣的，因為飲饌、音樂所牽涉因素，本來就是政治的一環，吃不吃得飽、有無音樂之涵養身心，都是人民的基本需求，自然牽涉到一個社會國家富足的問題。古人說：「禮之初，始于飲食」「明君制民之產，必使仰足以事父母，俯足以畜妻子；樂歲終身飽，凶年免于死亡。然後驅而之善，故民之從之也輕。」「故禮以道其志，樂以和其聲……。禮、樂、刑、政，其極一也，所以同民心而出治道也。」如此種種，即是此意，故飲饌、樂教等等，乃人生大事，國家政治之良窳，當可從此得見。這也是晏嬰，甚至是古代思想家，屢屢以此類民生必需，講政論道的重要原因。

因為飲饌、樂教與人生政治非常密切，故講師在解說上，除了有

豐富的文獻資源之外，亦可適時地使用影片，輔佐教學。如詩經的吟誦、舌尖上的中國等節目，可節錄三至五分鐘的片長，幫助同學們理解：食物不只是飲食而已，音樂也不是哼唱罷了，而是在古人的觀念中，是跟整個世界息息相關的。人生與政治，必須要你的人生沒問題了，多數人的人生沒問題了，領導人的人生沒問題了，用孟子的話說：「是故明君制民之產，必使仰足以事父母，俯足以畜妻子；樂歲終身飽，凶年免于死亡。」但也不能滿足溫飽而已，更必須向上追求，有了適宜的制度，社會國家才可能止於至善，出現所謂的理想世界、大同世界。

另外，為什麼飲饌、樂教跟修養有關呢？修養又跟國家治理有何關係呢？老師對此，顯然也必須就中國傳統政治哲學、人生哲學來談，以對「言後之意」，有更多的開展。

晏嬰說得很清楚了：「先王之濟五味。和五聲也，以平其心，成其政也」、「清濁、小大、短長、疾徐、哀樂、剛柔、遲速、高下、出入、周疏，以相濟也」、「齊之以味，濟其不及，以泄其過。君子食之，以平其心」，論修養，首在認識自己，唯有先看清楚自己，進而認清外在世界，才能避免錯誤、東施效顰之類。

就孔子看來，上智與下愚難移，但多數人不在此列，故習與性成，是可以藉由後天調整，浸潤漸變，讓自己由一個不完整的人，成為盡量完善之人，此為修身，而古之所謂君子，即是指此。認識自己，又該怎麼修養呢？說簡單，其實並不簡單，整部中國思想史，多談道德、實踐的哲學，都說明了身修之不易；但說難，其實也未必，晏嬰在文中就說了，首重「和」，強調中和之美，例如我們性格總有所偏，性格偏於柔者，則濟之以剛，方能剛柔並濟；性格偏於靜者，則輔之以動，方能動靜一如。晏嬰總是強調「濟」、「齊」、「平」，原因在此。剛柔並濟，當然不是把剛看成柔的，柔剛不分，而是剛柔得中，因時應變，適性得宜，這才是「和」，而不是「同」。

藉由類似的修養工夫，以平其心，以成其政。在古代思想者如晏
嬰看來，循此原則，漸次進修，不廢實務，重視民生，就可以把國家
治理好。

但這也產生一個問題，陳弱水曾為文指出，治國必須牽涉到的權
力規範、行政實行等原則，未必與修身有著等價性的關係，而且一個
人的私己倫理行為不一定就等同於其政治行為。[13]但是，傳統中國極
重修身，不管是養生、修行、忘身、服氣、踐形等等，均屬廣義的修
身，這與中國思想重視「生」（生命、生存、生與死等等）的因素有
關。[14]然而此間又有一面向，就是中國思想家注重修身的同時，往往
是與政治並論的，用什麼方式修身，就用什麼方式治國。又或反過來
說，治國的主張，源諸於修身的原則，修身就不只是個人的事，同時
更是治國的重要基礎。因此，正如賴錫三所言，在理想層面上，一個
士、君子應該將自身的存在意義，透過公共化、公開化的實踐，把內
在道德的情懷落實到公共的氛圍與境地，以促進道德理想的實現，這
種以自身意義公共化的理想性格，修身為己，經世濟民，一向是許多
中國哲人堅持的原則。[15]

晏嬰以飲饌、樂教論修身，又聯繫到治國的觀點，即是秉此而
來。但放到現今政治場域中，修身與治國是否可能？兩者間的關係又
是如何？學生贊成還是不贊成，把兩者結合的觀點？以晏嬰之語，進
入中國的傳統政治學，對當今政局的一些惡劣風氣，是否能有積極作
用？如果修身可以治國，那治國所需要的專業知識，是否也在修身這
個環節裡頭？這也是老師講授時，以古觀今，以現代與過去不斷對

---

13 陳弱水：《公共意識與中國文化》（北京：新星出版社，2006年），頁267-302。
14 余英時：《東漢生死觀》（上海：上海古籍出版社，2005年），頁17-19。
15 賴錫三：《道家型知識份子論──莊子的權力批判與文化更新》（臺北：臺灣大學出
    版中心，2013年），頁2-3。

話，或足以啟發學生反思。[16]

　　最後，可以再提出一些課後思考，個人僅提出幾點，以作諸位老師參考：

　　1. 你怎麼理解晏嬰這段話？

　　2. 晏嬰怎麼利用比喻，達成勸戒？

　　3. 如果是你，會怎麼說？

　　4. 到底該怎麼理解中和？

　　同時在作業設計上，也可用善用巧思，結合課文主題。正如蓋琦紓所言，大一語文教學，應著重：「多元的教學策略、創意的作業設計，以提升學生讀解文學作品、文字書寫的能力，促進自我生命的醒覺，並以現代眼光重探古代經典的意義與價值，培養與經典對話的能力。不過國文教學精進仍有待於專業研究的深厚基礎，文學（國學）研究與文學（國文）教育當相輔相成，方能達到通識教育深入淺出的理想境界。」[17]

四　大一語文課程，看似尋常最奇堀

　　個人主觀想法，治中國學術，不論何朝何代、不論哪個領域，要想開花結果，「國學」都是最基礎的土壤養分。這樣講，似乎有些不合時宜，其實世界各國的學術思想，或創造性的詮釋，或批判性的繼

---

16 關於修身與治國的實際性問題，本人已完成數篇論文，分別是：〈心學經世陸象山〉，《成大中文學報》第5期（2014年6月），頁177-204。〈陳亮經學述義〉，《東華漢學》第17期（2013年6月），頁81-106。〈「文章要有本領」——方東樹論漢宋之爭〉，《彰師大國文學志》第28期（2014年6月），頁135-160。〈理禮雙彰——鄭齊門的經世之學〉，《漢學研究》，第34卷第1期（2016年3月），頁153-176。《修身與治國——從先秦諸子到西漢前期身體政治論的嬗變》，臺北：花木蘭文化出版社，2014年。

17 蓋琦紓：〈生命美感與文學讀解大一國文課程的教學設計〉，《高醫通識教育學報》第5期（2010年），頁8。

承，哪一個不是由自身的文化傳統孕育，結合外來思想發展而來呢？

「國學」並非某門某科，也不是三教九流專門代表，而是一個總稱，含括諸多。更進一步來講，「國學」其實代表著博通的精神，讀書為學，總得先致廣大，才能盡精微，由博反約。此精神又非止於知識上的獵取而已，否則兩腳書櫥，滿口之乎也者，做人與作文二分，又有何益？因此博通的精神，更要能涵化內心，融入生活，成為生命的學問。所以文史哲學問，看起來容易，其實最難，一般人印象只是背背書，念念古文，記一堆死掉的人名地名專有名詞，我們深入其中，方知大謬，人文學問，成如容易最艱辛。

而大一語文教育，就個人看來，正是國學教育的重要環節。大一語文所選之課文，以中國經典占絕大部分，也符合如上的思考與做法。可是，作為必修課的大一語文課程，看似尋常最奇崛，在授課上，其實並不像外院師生所想，只是必修課、只是高中語文課的延伸，好似容易，如雞肋般，食之無味，棄之可惜。其實大一語文課程，真要講得精彩，深入淺出，頗有難度，考驗老師功力。因為學生來源多元，既有商科的、也有理工，各有專業，對語文的基礎，程度難齊，理科、文科生混雜，在名詞解釋上，例如你說到鴉片戰爭，文科生可以明白，但理科生往往難以理解前因後果，情況就類似文科生學習高數一樣，往往如墜五里霧。

因此在教學上，更應該注重啟發，先引起學生的興趣，所以包括作業在內，都應該讓學生盡量投入理解，不要覺得語文課是枯燥乏味的，得先讓學生不討厭，想來上課，才能進一步去談，如何讓他們對語文能有更多的涉獵，想接觸更多文史哲知識。老師在授課時，更應該要有博通的精神，結合生活閱歷尚的各種資源，不要排斥使用現代科技資源，也不要都當成專業課，在傳道、授業、解惑上，過度好為人師，以至於名詞太多，常識太少，缺乏人生的趣味。所以，看似尋常最奇崛，語文所收課文頗眾，牽涉多種學問，而傳統學問又該怎麼

跟當代結合，達成中國思想傳統的現代詮釋，都在考驗老師本身，所以不止是學生學習，老師也要教學相長，研究是一種學問，教學也是一種研究，持續閱讀思考，學而時習之，不斷進步與吸收，學無止盡。

況且，此又非知識性的傳授而已，知識固然可分門別類，但我們的知、情、意、行，往往是整體的，博學、審問、慎思、明辨、篤行，有了內在的生命，才有外在的各種表現。宋代二程早就說過了，你讀《論語》之前，是這個樣子，讀《論語》之後，還是這個樣子，讀了等於沒讀，就是白讀了。故語文教育，既是國學、經典教育，也要是生命教育才好。而現今社會，往往重理工重商業，輕視人文，將其視為無用之學，缺乏產值，人文學者往往也同意這種說法，只能以「無用之用是為大用」開解，其實莊子早就說了，人要處在有用無用之間，況且怎麼定義用「用」，還是個大問題。有志於文史哲之人，為往聖繼絕學，對於生命生活的學問，該如何透過課堂上教授，默會致知，秘響旁通，或可深思。

本文以三個進程來對〈晏子論「和」與「同」〉，作出教學演示，從言內之意談起，首在理解字詞解義、文章結構、歷史背景、人物性格；再以課文中的重要觀念，和與同、飲饌音樂論政、君臣關係等面向，理解言外之意；最後，則是思維方式，結合生活實例與影音教學，並對晏嬰說法，提出一些反思與批判，以完成「言後之意」。希望能加深教師對此課文的理解，增添材料。

管窺筐舉，一愚之得，以供諸位先生參考。

附錄二
國學傳播的新時代與新隱憂

一　國學時代的教育

大約一百前年，陳獨秀在《新青年》發表〈本志罪案之答辯書〉，說「要擁護那德先生，便不得不反對孔教、禮法、貞節、舊倫理、舊政治。要擁護那賽先生，便不得不反對舊藝術、舊宗教。要擁護德先生又要擁護賽先生，便不得不反對國粹和舊文學。」「西洋人因為擁護德、賽兩先生，鬧了多少事，流了多少血，德、賽兩先生才漸漸從黑暗中把他們救出，引到光明世界。我們現在認定，只有這兩位先生可以救治中國政治上、道德上、學術上、思想上一切的黑暗。若因為擁護這兩位先生，一切政府的壓迫，社會的攻擊笑罵，就是斷頭流血，都不推辭。」從現在看來，因為這些「矯枉必須過正」的運用策略與宣傳，似乎讓國學蒙上陰影，不科學、老古董、迂腐、落後、醬缸、退步、封建、顢頇、保守、反動等等，似乎皆與其有關，這種思維常常造成二分法：文言與白話、玄學與科學、進步與保守、前進與倒退等等，以至於講國學，大談傳統，論溫情與敬意等等，看來是不合時宜的。

正言若反，最無用的時期，往往也是最受重視的時代，批判社會、反思時代，衝決羅網，開一代精神風氣，獨立之精神，自由之思想，脫心志於俗諦桎梏，「國學」常常也是最好的利器。我們最喜歡引用陳寅恪《清華大學王觀堂先生紀念碑銘》的名句：「獨立之精神，自由之思想」這句，但陳寅恪也說了：「士之讀書治學，蓋將以脫心志于俗諦之桎梏，真理因得以發揚。」要如何脫心志於俗諦之桎

桎，發揚真理？說到底，還是認識自己與本身的歷史文化，終究還是國學，而把國學視為黑暗、落後的象徵，其實是畫錯了箭靶，難以真正認識過去的。

不過這樣的國學，往往受制於學校體系，不論是西式大學，還是民辦書院，大體上的國學教育與傳播，仍限窄門。而清末的改革，棄私塾、立學堂、廢科舉、改大學，核心精神其實是啟蒙，開民智、廣教育，人人有書讀。這種新體制，本意是為了讓大家都可以成為讀書人，普及教育。實則不然，類似的大小學堂、各種大學，事實上仍是有限的，許多民眾即便上學識了字，未必就能領略思潮；而國民義務教育的規範，一時間也難以完善與延續，於是許多學校以外的國民，似乎與讀書無關，為了生活，毋需啟蒙；學生畢了業，也盡讀書的義務，為了工作，何需啟蒙；即便在校生，也只是重教科書，算成績、計學分，熟悉各種考試方法，取得學位，方便謀職。出了校門，有了文憑，更是把啟蒙精神丟進垃圾桶了。

國學的發展，從上個世紀以來，便是在這種路線中，迂迴前行。時而隱時而彰，一下子政治力霸道插手；一會兒學術界批孔反儒，風雨如晦，雞鳴不已。但中國大陸從九十年代以來，情況漸有改變，文化熱、國學熱，溫度上升，春暖花開，各大學的文史哲系，特別是中文系，多變成熱門科系（當然此情況現已不在）；國學院、國學班如雨後春筍，大力開辦；各家電視臺的國學節目，百家講壇、中國好詩詞之類，學者坐鎮、名嘴參與，群眾關注，踴躍報名，收視率節節上生，廣告商、贊助商捧著大把鈔票上門；在民間，讀經之風，聖賢經傳、國學大小師的書籍，印了又印，一時間紛紛出土，千秋萬歲後，重獲新生。國學，準備飛龍在天，國學復興的時代，似乎要來臨了。

這樣的現象，與其說是知識份子的努力，推廣國學，化民俗成，還不如說是時移世易，社會有廣大的需求求知欲與消費能力皆大有改善。需求製造供給，學界適逢其會，民科趁勢而出，於是登高而招，順風而呼，見者日遠聞者日彰。

二　當今國學的隱憂與機遇

　　但是，福兮禍所伏，國學就算真的復興了，隱憂也隨之而來，或者擔心民族狂熱捲土重來，又或是憂慮帝國主義借屍還魂，中外輿論陸續討論，似乎杭亭頓（Samuel Huntington）所謂文明的衝突，真有可能印證。這些推測，就現在看來，或許事出有因，但情況也未如預測般惡劣。真正值得我們現在注意的，反而是傳播的問題，珍珠與泥沙俱現，金錢資本與文化理想交織，這些年來，我們學界或業界，到底是推廣宣揚國學，還是不斷製造國學垃圾？傳統文化經過這樣的製作呈現，到底是推廣知識，普及了？還是一味地追求俗世，講成某某成功學、謀略學、厚黑學之類，將原本豐富的傳統文化，誤解成片斷而單調的致用之道，以致於更窄化了？

　　當年于丹上電視，講《論語》，屢創收視新高；坐書齋，寫《論語》，狂銷數百萬冊。她的節目她的書，當然也引起了許多批評，這裡講錯，那裡不對；這頁有問題，那頁引證有誤。這種推廣法，開始引起我們反思：到底值不值得？但很多討論看到最後，其出發往往不是在《論語》，而是人，憑甚麼是你于丹？憑什麼是你靠著講《論語》《莊子》，這些半生不熟的理論，這些似通未通的解釋，就能名利雙收，紅透半邊天？一轉眼，十幾年過去了，現今國學傳播的發展，又比于丹當年更複雜了。這個時代，媒體已不是只有電視廣播而已，即便是電視廣播，都以網路化，要藉由網路來拓展發揮。就以說書類的節目來講，兩岸三地、line、微信、ＱＱ、臉書、微博、自媒體、youtube、youku，又或者類似播客的各式 app……，都可能是推廣的利器，需求不減，商機無限。就以近年來發展頗熱的說書式節目，不論是有露臉，還是見聲不見人，又或者兩種方式皆有的，高曉松、羅輯羅胖子、史航、閆星人、啾啾鞋……這些人，有的在學生心中的重要性，比大學老師還大，更不必說其社會地位或是粉絲數量了。這些

人，未必真能登高而招順風而呼，引領一代潮流，但作為一個具有廣大聽眾市場的說書節目主持，他們解讀的觀點與角度對書籍的推薦與銷售，確實具有某種程度的影響力。

而這些節目涉及的書籍類型，非常廣泛，時間長短也不一致，有長達一個小時的，也有短短五分十分鐘。節目或導讀一本書，從某個角度解析，成一家之言；或順藤摸瓜，介紹主題式的讀取順序；或是以生動的語言、當下流行的名詞，介紹某個人物與某個歷史事件；又或是由一些事件引發的無數知識聯想結構等等，而國學知識也是其中一種──也應該這麼說，以目前大陸的國學市場來講，這樣的商機，是不可能被放過的。

問題的癥結依舊是，國學深入淺出，到底要多深入？又該多淺出？對於一般非專業的學生，甚至是大學高中都沒讀過，卻對傳統文化有興趣的觀眾讀者們，他們又該如何選擇？又或者，類似我這樣的大學教師，除非是自己去講，似乎應該跟這種知識性的說書節目無關。實則不然，書有未曾經我讀，學海無涯，雖說讀書已是平時工作，但對於其它領域，甚至是其它專業的知識，甚至是常識，仍然應該充實。不論是備課授課需要，還是單純地對知識的渴望，這種說書式的節目，就成了休息吃飯，開車坐車時的消遣。因此，眾人的需求不同，自然塑造了市場的類型，有需求就會有供給。但這些需求，其實也反過來塑造的節目的走向，相較於早前的電視廣播等國學節目，現今的網路產業，更為細緻分類。因為定位與區別，反而更能鎖定節目本身的重心，在如過江之鯽的節目中，定位自身，製造品牌：我們節目的消費群，到底是哪一塊？到底是哪些族群？他們需要多久時間收看收聽，才不會讓他們產生心理疲倦？在這種市場機制下，節目的製作與行銷，也必須更為精准，符合消費氛圍。

更進一步來講，世界各國經典，其實更該先提供本國的傳統歷史文化的資源。中國之所以為中國，傳統之所以為傳統，並非憑空而

來，而是有積累漸變的過程，所以先認識自己的民族文化，通讀歷史，才能對現今的許多現象，擁有豐富充足的反思與批判，以及同情之理解。故現今的國學熱，已經不是該不的問題，而是該如何避免末流，惡紫奪朱。若是如此，時代既已變化，那些不廢江河萬古流的經典，除了繼續在大學課堂、研究著作上流傳，又該以何種方式於民間延續生命？不管是面對經典的閱讀焦慮，還是要把經典開肢剖腦，拉下神壇；又或者是用古人的話說：為往聖繼絕學。在不同的時代，經典始終續延生命，但這種生命的感受與經典帶出的大小問題，又該以何種方式、何種媒介傳播，讓人們溫故知新？而在這個時候，懷有經世之志的學者們，又該怎樣把研究成果帶給群眾，貢獻給社會？在專業化已成必然的現在，我們如果還妄想解釋世界，進而改變世界，就不能不注意傳播媒介的動態與方向。

三　傳播時代下的學術社群

最後，我們來談談當今網路學術社群的特徵。近代學科創建，當學術超脫於一般日常生活，成為「職業」，你是哲學系，我是政治系，你是明清經濟史，我是唐詩研究者，雖不致井水不犯河水，壁壘也未必完全分明，但各人有各人的技術，當行本色，說著行內的術語，講著預設的各種前理解。更進一步來說，工業革命之後，現代性萌芽，現代化見形，人為設置了各種領域，專業漸漸成了顯學，知識開始強調體系、區分、精細，分門別類，一入某專業，彷彿生為此人，充滿了各式各樣的使命感與情懷。

當然，所謂的專業化，也沒什麼不好，你走你的陽關道，我過我的獨木橋。可是人畢竟是群體的動物，身為現代研究者，即便讀書破卷，仍不得不重視學術的動態，不得不關心同行的研究成果，如果你的興趣又稍微廣泛些，研究領域又稍微寬闊些，好奇心太多，求知欲

太強，乘興任所適，不獨沾一味，於是更多的社群狀況與學術秘笈，就成了必須必備必要的花費，它可能話去許多時間，許多心力，又或者是許多的金錢。

在網路未出現前，這種或大或小的學術團體、科研社群，也許以通信、期刊、雜誌等方式，創建學會、舉辦研討會、創立工作坊……，入會員、繳會費、辦年會……。或志同道者者，固定齊聚，論學辯難；或組織群體，三山五嶽，調研開會。自從網路出現，從email 通訊到現今的臉書、微信、line，學術社群五花八名，運用著科技，傳遞更加便利，找人更加快速。就以中國大陸為例，我個人身在其中的群，少則數百人，多則數千人（微信群上限是五百人，ＱＱ群則是兩千人），有專門性的學術社群，或以領域，或以人物，或以地域，或以身分，如「全國大學語文教師群」，人數約一千多人，專門提供大學語文學科的資訊，如學科建制史、教材分享、教學心得，當然免不了的，是年會的通知，還有期刊的徵稿等等。另外，還有「荀子會講」、「墨子讀書會」、「董仲舒儒學研究群」、「古代中國研究交流群」、「中國中古史研究」、「大宋史研究資訊」、「明清中國與江南研究」、「近現代史研究通訊專業交流群」、「民國史資料分享交流」、「永嘉學派當代重建」、「中醫文獻交流群」、「文史哲學術共同體」、「朱子學研究」、「陽明學術群」、「胡適記憶」、「中國學術思想史研究群」、「珞珈山─空中杏壇」、「中西哲學群」、「經學國學」……，每個群，參與者至少數百人之多。

除此之外，還有民間研究者，在大陸，稱為民哲、民科，如「伯勤國學讀書會」、「松果孟子讀書會」之類的社群，參與者當然也有高校學者，但自學成才，奇人異事，愛好文史哲傳統文化者，亦所在多有。另外，一些性質特殊的社群，如臺灣學者在陸任教工作者、兩岸三地人文學科交流群、人文學者在歐美群……等等，可謂五花八門，眼花撩亂。

　　這些學術社群，為身處各地的學者們，提供了偌大的溝通幫助，或身在江湖，或居住山海，我們都可藉由這些工具，交換意見，諸如出版訊息、人事動態、學術活動、掌故逸聞、恩怨情仇、喪亡訃聞、八卦謠言等等。當然，知識人總覺得自己可以理解世界，改變世界，於是談國事、評時政、議人物，彼此間逞口舌之快，人身攻擊，互捧互吹，自說自話，自我標榜，自以為是，隨口胡謅，先搶著說再誠心道歉……，再加上此處特殊國情管制，於是被禁言者有之，帳號被查封者有之，被踢出群者有之……諸如此類的精彩言論，日常生活的自我表演，幾乎天天開場。

　　創建這些社群的人，從民間研究者到碩博研究生，到學術青中年，再到學界各大咖，各有初衷，身分各異，難以一一述說。對我而言，瀏覽這些社群，除了擴大自己的人際之外，就是可以獲得更多的學術動態與活動，特別是出版資訊，而結識許多素未謀面，卻交談甚歡，彼此相知相惜的「網友」，更是收穫良多。最讓人感到便利的，還是每次出外開會，此處習慣是把所有參加者都拉進會議社群，所有的資訊，包括時間、接送、地點、人物、食宿、旅遊……，甚至是透過軟體，直播會議發言，會後討論等等，一目了然，一應俱全，實在是極為有效率的訊息傳遞方式。

　　不過呢，學術社群，當然也有些怪現象，恐怕也不是當今才有的狀況。「人生不能無群，群而無分則爭，爭則亂」，自從人類成群以來，就已經出現，如拉幫結派，靠攏大咖，「妄想憑藉已成勢力」，做身分，好攀引，有時明明是常識中的常識，只因發言的是某某知名學者，某某核心期刊主編，某某高層領導，底下附和吹噓者，整片人海，萬頭攢動，乍看之下，還以為創造了什麼驚天動地的高見、發現了殷墟、解決了亞特蘭提斯之謎似的；再者，因為社群太大太多太快、太講究成果，一些學者們要找尋資料、閱讀資料，人云亦云，只求速成，本來需要耐心的沉潛，消磨得更快，更急躁，更不願理解不

同意見，於是靜下心來做研究的能力，真正深入交流互動的契機，似乎更少了。

正如 Marshall McLuhan 的書名所預示──《認識媒介：人的延伸》，「了解媒體對於人類的精神價值和社會制度產生的革命性效應」，如此才能減低媒體對人類社會生活所能造成的負面影響。學術社群當然也是一種媒體，水可載舟，亦可覆舟，當現代通訊與媒介，已經進入我們的生活，無可避免地成為了日常，我們或許也應該承認：社群的組成與運行模式，也正是學者與學術的延伸。不管你願不願意，也不管你接不接受，愈是年輕的研究者，似乎也愈難獨善其身，在這些通訊軟體之外，獨與天地精神之往來──哦，也許該這樣說，你如果要絕地通天，可能得先把手機電腦丟了，但真的失去這些，恐怕不是你離開了人世，就是世界拋棄了你。

哲學研究叢書·學術思想叢刊 0701024

江城潛研——中國學術思潮叢論

作　　　者	劉芝慶
封面題字	張　軍
責任編輯	呂玉姍
特約校對	林秋芬

發 行 人	林慶彰
總 經 理	梁錦興
總 編 輯	張晏瑞
編 輯 所	萬卷樓圖書股份有限公司
	臺北市羅斯福路二段 41 號 6 樓之 3
	電話 (02)23216565
	傳真 (02)23218698

發　　　行	萬卷樓圖書股份有限公司
	臺北市羅斯福路二段 41 號 6 樓之 3
	電話 (02)23216565
	傳真 (02)23218698
	電郵 SERVICE@WANJUAN.COM.TW
香港經銷	香港聯合書刊物流有限公司
	電話 (852)21502100
	傳真 (852)23560735

ISBN 978-986-478-452-3
2021 年 7 月初版
定價：新臺幣 320 元

如何購買本書：

1. 劃撥購書，請透過以下郵政劃撥帳號：
   帳號：15624015
   戶名：萬卷樓圖書股份有限公司
2. 轉帳購書，請透過以下帳戶
   合作金庫銀行　古亭分行
   戶名：萬卷樓圖書股份有限公司
   帳號：0877717092596
3. 網路購書，請透過萬卷樓網站
   網址 WWW.WANJUAN.COM.TW

大量購書，請直接聯繫我們，將有專人為
您服務。客服：(02)23216565 分機 610

如有缺頁、破損或裝訂錯誤，請寄回更換
版權所有·翻印必究
Copyright©2021 by WanJuanLou Books CO., Ltd.
All Rights Reserved　　　　Printed in Taiwan

國家圖書館出版品預行編目資料

江城潛研——中國學術思潮叢論/劉芝慶著. --
初版. -- 臺北市 ： 萬卷樓圖書股份有限公司,
2021.07
　　面 ；　　公分. -- (哲學研究叢書. 學術思想叢
刊 ; 701024)
ISBN 978-986-478-452-3(平裝)
1.思想史　2.中國哲學史

112　　　　　　　　　　　　　　110002979